で

月永理絵

酔わせる映画

春陽堂書店

一杯のビールの泡から始まる物語

「あの映画、どうでしたか?」

そう聞かれるたびにギクリとする。「どうでしたか?」という言葉には、無数の質問が隠れているような気がする。「良い映画でしたか?」「同じ監督の前作に比べてどうでしたか?」「点数をつけるなら何点ですか?」聞こえないはずのいろんな問いが勝手に聞こえてくる。

はたして、私が見た映画は「良い」映画だったのだろうか。映画について書くことを生業としているけれど、映画の良し悪しについて語るのは、やはり難しい。倫理的に許せない、というものを除けば、たいていの映画は何かしら語るべきものを持っている。だから良くない映画、なんてめったに現れないし、好みで語るのはさらにやっかいだ。私が好きだからといって、他人が同じように思うかはわからない。混乱したまま、とりあえず何か答えなければと思い、「良かったですよ」と返すと、すかさず「たとえばどんなところが?」なんて聞かれたりして、さらに動転する。

きちんと答えようとすればするほど、自分がいったい何を良いと感じたのか、うまく言葉にならない。ストーリーが面白かった？　俳優が良かった？　演出が素晴らしかった？　でも演出とはそもそも何のことなのか？　悩むうち、具体的な場面を思い出してみる。すると何かが見えはじめる。そして私は初めて堂々と答えられる。

「主人公が酒場で飲むビールの泡が、本当に真っ白に輝いていたんです」

その映画の何がすごいのか、本当のところ、自分でもよくわからない。何かを感じたのはたしかだとしても、それを言葉で説明するのは難しい。でも何を見たか、何を覚えているかなら、語ることができる。白いビールの泡が目に焼きついた、それは私にとっての絶対的な真実だ。

だから映画について聞かれたときや仕事で作品評を書くときは、記憶に刻まれた断片を探すことから始めるようにしている。そこには何が映っていて、どんな音が鳴っていたか。そうして記憶をたどるうち、自分が惹かれたもの、どうしても忘れられないものが徐々に浮かび上がる。グラスのなかでひときわ輝いていたビールの泡。それを飲む人の顔。喉の立てる音。断片的に蘇るイメージと音に、あのビールは本当に美味しそうだった、と飲酒欲を掻き立てられる。そのうち、ところでなぜあの人はあそこでビールを飲んでいたのだろう、と疑問がわいてくる。ビールが好きで、酒場で飲むのが毎日の習慣だからか。たまたま入った店で頼んだだけなのか。もしかしたらそれは数十年ぶりに飲んだビールで、だからあんなにも嬉しそうな顔をしていたのかもしれない。だとしたら、あの一杯にはその人が過ごしてきた長い時間がたっぷりと込められていたのでは。とすると、最後の場面ではなぜビールではなくウイスキーを飲んでいたのか……。

たった一杯のビールの泡を想起したことで、思いもよらぬ疑問が次々に生まれてくる。そうしてグラスから泡が吹き出すように、自分なりの物語がどんどん膨らんでいく。

自分の記憶から消えてなくならない、映画の欠片を見つけること。そこから、自分だけのもうひとつの映画をつくりだすこと。そうして生まれた映画は、ほとんど妄想と言っていいようなもので、全体の物語や、作品そのものからは離れてしまうこともある。でもその逸脱こそが楽しくて仕方ない。

ここに集めた文章はどれも、こんなふうに、私の頭に貼りついて離れない、いくつもの欠片からつくりだした物語だ。真っ白に輝くビールの泡。誰かの喉を潤す琥珀色のウイスキー。白黒の画面に浮き上がる黒々としたワインの染み。酒場の床に投げつけられるボトルとグラス。いくつもの映画に登場する無数のりんご。手のひらでねっとりと捏ねられるパンの生地。目を凝らし、耳を澄ませ、ありえない匂いに鼻をひくつかせるうち、私の頭のなかに出現してきた、もうひとつの映画たち。これらを読む人のなかにも、また別の映画が膨らんでいったら、嬉しく思う。

りんごを愛する者たち

りんごは隠せない

第3章 酔わずに食べたい映画

イラストレーション　OMAミオ（松田水緒）
ブックデザイン・組版　吉岡秀典＋平良佳南子＋及川まどか（セプテンバーカウボーイ）
校正　鷗来堂

〈イラストイメージ〉
カバー『オルエットの方へ』
第1章『流れる』
第2章『恋人たちの予感』
第3章『ジャンヌ・ディエルマン〜』

第 1 章

お酒で酔わせる映画

Chapter 1

Movies with enchanting drink scenes

杯を重ねるごとに快楽へと導かれる酔いがあるように、
一口飲むことが死へと誘う不吉な酔いもある。
そうして人々は、今日も酒を飲む。

ゆらゆらと流れゆく
ワインのように

『落　葉』（一九六六年、ジョージア）
監督：オタール・イオセリアーニ
出演：ラマーズ・ギオルゴビアーニ、マリナ・カルツィヴァゼ

ごく稀に、日常のなかで「あれ、今イオセリアーニの映画みたいだったな」と感じる瞬間がある。二〇二三年に惜しまれながら亡くなったオタール・イオセリアー

ニ監督は、故郷のジョージアからフランス、イタリアなど各地で酒飲み映画をつくってきた、映画と酒が好きな者にとって神様のような人だ。そんなイオセリアーニの映画的瞬間を感じるのは、たとえば落ち着いた場末の居酒屋でのこと。二、三人の従業員たちの間で、注文をとり、瓶ビールの蓋を開け、料理を提供し、空いた皿を片付けるまでの作業が、無言のまま颯爽と行われるのを目にしたとき、これだと感じる。さらにここに思わぬ悪事や事件が挟まれば完璧だ。あるいはやはり酒場で、数人の酒飲みたち（それはしばしば中年男性である）がテーブルを囲み、淡々と杯を空けていくさまに立ち会ったとき。幸せそうに酔い潰れる人々に歌声がまざればまさにイオセリアーニ映画。ただし彼らのうちのひとりが誰かに執拗に絡んだり、下品な振る舞いに陥ったりした瞬間、台無しになる。あくまでも自分たちだけで幸せな酔いに浸るのでなければいけない。

イオセリアーニ的瞬間とは、人々の無言の動作が滑らかに連鎖していくとき、そして人々が幸福な酔いに身を委ねたときにこそ現れる。つまり労働と飲酒の場でもっとも現れる率が高いわけで、その点、『落葉』はつねに飲酒する人々を映しつづけたイオセリアーニ映画のなかでも王道的作品だ。ジョージアのワイン工場で醸造技師として働きはじめた若者ニコ（ラマーズ・ギオルゴビアーニ）を主人公にしたこの映画には、ワインをめぐる労働とその後の宴の様子がたっぷりと描かれているのだから。

冒頭で映されるのは、昔ながらの製法でワインをつくるジョージアの人々。畑で収穫し籠いっぱいに詰めた葡萄を桶に移し、それを足で踏み潰す。地中に埋めた壺をブラシで巧みに磨いては、潰した葡萄を流し込む。ワインが無事熟成すれば、壺から瓶へとひとつひとつ移し替える。さまざまな動作が滑らかに連なるさまは、見ているだけでうっとりしてしまうほど。その後の宴会も含め、ここだけ記録映画のように思えるが、監督が言うには「記録映画ではなくて、一九世紀末に行なわれていたような葡萄の収穫の演出だ」とのこと（公式本『イオセリアーニに乾杯！』児島康宏監修、遠山純生編、エスクァイアマガジンジャパン）。彼の映画では、どんな些細な動きや自然な風景も、すべては緻密に演出されているのだ。

青年ニコが働きはじめるワイン工場でも、やはり慣れた手つきでワインづくりが行われる。工場内に並んだ大きな樽のなかに職人がするりと入り込み、ブラシで内側を洗う。その樽を地上に運び上げ足でごろりと蹴り飛ばせば、樽は綺麗な曲線を描き移動する。そしてここでもまた、ワインを囲んだ気さくな宴会が開かれる。

ただし、伝統的なワインづくりから近代的な工場体制に変わったせいか、職人たちの動作はたびたび途切れてしまう。コネを利用してワインを頂戴しにやってくる図々しい友人、工場の見学に来る大勢の観光客、仕事の進行具合を確認しに来る上司。彼らによって、工場での作業は何度も中断され、休日の楽しい酒の宴でさえ、自分たちの出荷した質の悪いワインのせいで気まずく解散する羽目になる（その後自宅で本当に美味しいワインを楽しむとしても）。

そのなかにあって、ニコという青年は、つねに他人によって動きを止められてしまう人として登場する。初仕事に向かう朝、友人オタルから服装の不備を指摘され何度も歩みを止められるのに始まり、仕事仲間と一緒にサッカーごっこに興じていても、休日に好意を抱く同僚のマリナ（マリナ・カルツィヴァゼ）と会い一緒にお茶をしようとしても、そのたびに誰かの邪魔が入る。別の日には、街を歩きながらマリナに仕事の悩みを打ち明けようとするが、何度も友人に呼び止められ、会話は中断する。彼女の家に遊びに行けばガラの悪い男に道を塞がれ、なんとか部屋に入ったあとも女たちの悪ふざけにタジタジとなるばかり。耐えきれず部屋を飛び出したニコは、結局待ち伏せしていた男に殴られてしまう。

仕事でも、日常でも、ニコはイオセリアーニらしい滑らかな動きの連鎖のなかに入り込むことができない。それは彼の人の良さのせいか。それとも、階級や立場を気にせず何にでも溶け込もうとすればするほど、人は理不尽な目に遭うのだ、という教訓か。とにもかくにも、青年ニコがとる最終手段は人々をあっと驚かせる。彼が選んだのは、工場の樽から滔々《とうとう》と流れゆくワインを自分の意思で堰き止めること。他人によって動きを止められることに辟易した結果、今度は自らが動きを止める側にまわってみせたのだ。

樽の上で満足げに微笑むニコを、もはや誰も止めることはできない。こうしてニコは、イオセリアーニの流儀を見事に手にしてみせる。映画の最後、誰に止められることなくニコはサッカー遊びに熱中し、彼の同僚たちもまたイオセリアーニらしい遊びに興じつづけていた。

飲んだくれの恋人たちによる
最高の酒場映画

『バーフライ』（一九八七年、アメリカ）

監督：バーベット・シュローダー
出演：ミッキー・ローク、フェイ・ダナウェイ

「バーフライ」とは、バーの常連客、いわゆる酒飲みのこと。酔いどれ詩人のチャールズ・ブコウスキーが脚本を手がけ、『モア』（一九六九年）で監督デビューしたフランス出身のバーベット・シュローダーが監督をつとめた『バーフライ』は、飲んだく

れの作家と、これまたバーフライである年上女性とのラブコメ映画。ブコウスキーがまだ作家デビューをする前、いつも朝から晩まで酒場に出入りしていたころの自分と、そこで出会ったやはりバーフライの年上女性と恋に落ちた体験がもとになっているという。

ブコウスキーの化身ともいえるヘンリー・チナスキー役を演じたのは、当時『ナインハーフ』（エイドリアン・ライン監督、一九八六年）で人気の絶頂にあったミッキー・ローク。ぼろアパートに住むヘンリーは、金もないのに毎日馴染みのバーに入り浸っては、ツケやその日限りのお金で飲めるだけ酒を飲む。時々、思いついたように詩や小説を書くが、それで身を立てようとはまるで考えていない。バーでは、酒を飲むか喧嘩をするかのどちらかだが、誰彼かまわず喧嘩をふっかけるわけではない。いけすかないバーテンのエディ（フランク・スタローン）のように、こいつは気に食わない、と認めた男にだけ何度も何度も喧嘩を売る。そのたびにボコボコに殴られ、顔はぼろぼろ、手の甲には痛々しい拳ダコができてもあきらめない。なぜ毎回エディにだけつっかかるのか、エディに勝って何がしたいのかは誰にもわからない。彼のよき理解者であるバーの主人ジムは、「彼はただの飲んだくれじゃない。競争主義に抗うために酒を飲んでるんだ」と評するが、実際金を恵もうとしてもヘンリーは受け取らない。その日に飲む酒代さえあればいい、それ以上の金はいらないと飄々《ひょうひょう》と笑う彼は、資本主義社会からも軽やかに逸脱している。

そんなヘンリーが、とある女性に一目惚れする。バーの片隅でひとり酒を飲むワンダ。演じたのはフェイ・ダナウェイ。『俺たちに明日はない』(アーサー・ペン監督、一九六七年)で脚光を浴び、『ネットワーク』(シドニー・ルメット監督、一九七六年)でアカデミー主演女優賞を受賞するまで数々の名作に出演してきたが、年齢を重ねたことで(といっても当時の彼女はまだ四〇代)しばらく当たり役に恵まれなかった彼女にとって、これが久々の主演作だった。いつも膝丈のスカートにハイヒール姿でバーを渡り歩く彼女は、目の下にうっすらと浮かぶ皺が一層美しく、まさに女神のように神々しい。だがその顔にはどうしようもない悲痛さが張りついている。ヘンリーの家ほどではないがどこか寂れた雰囲気のアパートに住み、職業を尋ねられるたび「酒を飲むこと」とにべもなく答える彼女の人生に、これまで何があったのだろう。

それぞれに社会からはぐれたふたりは、すぐさま惹かれ合う。ときおり悲しみのなかに沈み込むワンダに対し、ヘンリーはどこまでも陽気だ。家賃が払えないなら仕事を見つければいい。仕事が見つからなければまた明日探せばいい。くよくよ悩まず、まずは酒を一杯飲もうじゃないか。その能天気さが彼女を笑わせ、幸福な酔いのなかへと導いていく。

ただし、ふたりの間には何度も暗雲が垂れ込める。男に頼るしかない自分を嫌いながらも、寂しくなるとつい男を求めてしまうワンダは、ある日うっかりエディと寝てしまう。一方、ヘンリーのもとには、彼が以前原稿を送った出版社のオーナー女性タリー（アリス・クリーグ）がやってくる。飲んだくれてばかりで一向に仕事に興味を示さない彼に戸惑いながらも、タリーはその強烈な個性に惹かれていく。彼女の高級ペントハウスでスコッチをたっぷり飲んだふたりは、いつしかベッドのなかへ。心から愛し合っているのに、ワンダとヘンリーはなぜかお互いすぐに浮気をしてしまう。ただし、血を見るような激しい喧嘩をしながらも、酒を飲むうちいつのまにか元通りになっているのが、いかにもこのふたりらしい。

酒飲みを描く映画の多くは、人が酒によって苦しむ姿を映しがちだ。自分の人生のため、愛する恋人や家族のため酒をやめなければと苦悩したり、残酷な現実に打ちのめされ悲痛な思いで酒に溺れていったり。『バーフライ』が他の酒映画と大きく異なるのは、ヘンリーとワンダは、どう見ても酒によって身を滅ぼすタイプなのに、彼ら自身が、酒を飲むことに対する罪悪感や後悔をいっさいまとっていないこと。ヘンリーの人生哲学は一貫している。何かから逃げるために酒を飲むわけじゃない。禁酒しようと思えばいつでもできる。むしろ酒飲みになるためには特殊な才能が必要であり、だからこそ自分は酒を飲むことを選ぶのだ。飲みすぎて後悔したり、失敗を嘆いたりはしない。ジムが言うように、ヘンリーは現代社会へのアンチテーゼとして酒を飲みつづけているのだろう。そんな彼に説得され、見ているこちらもついつい酒を飲みたくなる。それが『バーフライ』という映画の最大の魅力だ。

互いに浮気をしようが、明日の生活費の目処さえ立たなかろうが、ただ嬉しそうにビールやスコッチを飲みつづける恋人たちがひたすら愛おしい。そして、綺麗なスーツを身につけながら、突然トウモロコシ畑に乱入しまだ青いとうもろこしを盗もうとしたり、浮気は絶対に許さないとタリーに躍りかかったり、女神のように美しいフェイ・ダナウェイの絶妙な凶暴さに惚れ惚れする。それを心から愛おしそうに眺めているミッキー・ロークの顔がまた可愛い。今日もバーにはでこぼこな人たちが集い、喧嘩をし、笑い声が響き渡る。

西部の男たちの酒と食

『リオ・ブラボー』（一九五九年、アメリカ）
監督：ハワード・ホークス
出演：ジョン・ウェイン、ディーン・マーティン 他

ウイスキー映画といえば西部劇は外せない。埃っぽい安酒場のカウンターでカウボーイたちが飲むバーボンやライ・ウイスキー。白黒の画面のなかでも、黄金色に輝く液体が男たちの渇いた喉を潤していくさまがわかる。とりわけジョン・フォード監督の映画にはウイスキーを見事に演出した場面がよく登場する。『荒野の決闘』（一九四六年）で、ヘンリー・フォンダとヴィクター・マチュアが互いの距離を測り

ながら牽制しあう際に使われるのは、やはりウイスキー。

数あるウイスキー映画のなかでも素晴らしいのはジョン・ウェイン主演の西部劇『駅馬車』（一九三九年）。一台の駅馬車に偶然乗り合わせた人々の危険な旅を描いたこの映画、飲んだくれの医師トーマス・ミッチェルと一緒に乗り込んだのはなんとウイスキーの販売人。見本用のウイスキーを次々飲み干してしまうトーマス・ミッチェルは重度のアルコール依存症を患っていて、今や医師としての仕事ができなくなっている。しかし旅の途中で産気づいた妊婦と幼い命を救うため一念発起、なんとか手の震えをおさめようとする。コーヒーをがぶ飲みして必死で酔いをさます彼の姿は凛々しいものだが、無事お産を終えたあと誇らしげにウイスキーをぐいっと飲み干すのがまたいい。その後街の酒場で見せる彼の勇姿にも、ウイスキーが絶妙な小道具の役割を果たしている。

『駅馬車』には、酒だけではなく鍋で煮込んだ豆料理が印象的に登場する。娼婦、お尋ね者、賭博師、飲んだくれの医師など、個性豊かな面々が集合した駅馬車での過酷な旅。途中で下車した宿屋で出された豆料理に、みんなは「毎日毎日、豆料理ばっかりだ！」と嘆いていたが、お皿にたっぷりと盛られた煮込みは十分美味しそう。

ウイスキーといえば『赤い河』（ハワード・ホークス監督、一九四八年）も捨てがたい。ここでジョン・ウェインが演じるのは、大きな犠牲を払いながらテキサスの地を開拓し、大牧場を築き上げたひとりの男。だが南北戦争後の不況により肉牛が売れなくなり、男は仕方なく、テキサスからミズーリへと一万頭の牛を連れた大移動を決意する。汽車もなく、ひたすら牛を連れて歩きつづける大移動はあまりにも過酷で、旅中にはさまざまな問題が発生する。長くつらい旅のすえにジョン・ウェインがありついたウイスキーの美味しそうなこと。そしてなんといっても目を引くのが、旅の途中で夕食に出されるビーフシチュー。ただしこの映画はたくさんの肉牛を連れてアメリカを横断するカウボーイたちの話なので、見ている側には美味しそうに見えても、劇中では「ああ、毎日毎日ビーフシチューで飽き飽きだ！」なんて声が響くのだからおもしろい。

一方、それから一〇年ほど後に同じ監督・主演コンビで撮られた西部劇『リオ・ブラボー』では、ウイスキーよりもビールの演出が凄まじい。舞台は、ネイサンという悪党に牛耳られ、誰もが正義や平等など諦めきっている小さな街。ベテラン保安官チョイス（ジョン・ウェイン）は、ある日ネイサンの弟ジョーを殺人犯として逮捕するが、それが許されない行為であることは誰もが知っている。ネイサン一味がすることは、どんな悪行であろうと見逃すしかない。それがこの堕落した街のルールだからだ。けれどチョイスは、〝長いものには巻かれろ〟精神には屈せず、「罪は罪だ」と信念に従う男。こうして、保安官とネイサン一味の戦いの火蓋が切られる。

誰もが被害を恐れ目を逸らすなか、チョイスのわずかな味方は、かつては早撃ちで知られていたが今は酒浸りの保安官補デュード（ディーン・マーティン）と年老いた牢屋番スタンピー（ウォルター・ブレナン）。そこに期待の新人コロラド（リッキー・ネルソン）が加わり、臨時のチームが組まれる。ただし不安なのはデュードの健康状態。愛した女に騙され、酒で身を持ち崩したデュードは、今回の事件を機にもう一度人生をやり直そうとしているが、酒を断つのはそう容易いことじゃない。禁断症状で汗をダラダラ流し酒場をそぞろ歩くデュードを、誰もが嘲笑い彼もまた惨めな自分に打ちのめされる。あるとき、デュードは卑劣な銃撃犯を追ってネイサンの仲間たちがたむろする酒場に踏み込んでいく。だが肝心の銃撃犯は見つからず、彼は「どうせまた酔っぱらってるんだろう」と男たちからバカにされてしまう。嘲笑と失望の空気が漂うなか、デュードがふとバーカウンターに目をやると、そこには真っ赤な血で濡れたビールジョッキが。ポタリ、ポタリと天井からジョッキに垂れる血を見た彼は、負傷した銃撃犯が天井に隠れていると気づき、得意の早撃ちで敵を撃ち殺す。こうしてデュードは失いかけた自信と誇りを取り戻す。ひとりの男の人生を救った血まみれのビールジョッキ。自信を取り戻した彼をまるで父親のように見守るチョイスが渋い。

一仕事終えた男たちが、保安官事務所で樽で冷やされた瓶ビールをぐいっと飲む姿も粋だ。このとき、留置場から悪党ジョーが「お前にはもっと強い酒が必要だろう」と憎まれ口を叩くが、すぐに瓶ビールを投げつけ「ビールは飲むより投げるもんさ」と名台詞を吐くデュードが勇ましい。

最後に、酒ではなくアップルパイの話を。豊かな食事が珍しい西部開拓時代において、アップルパイは幸福と豊かさの象徴だ。ワイオミングを舞台にした『シェーン』（ジョージ・スティーヴンス監督、一九五三年）では、流れ者のシェーン（アラン・ラッド）が、旅の途中、開拓者のジョー・スターレット（ヴァン・ヘフリン）の家で昼食をご馳走になるシーンがある。ジョーの妻マリアン（ジーン・アーサー）がつくった手料理をみんなでたっぷりと食べたあと、「さあ、パイはいかが？」とオーブンから取り出されるのは、こんがりと黄金色に焼けたアップルパイ。旅続きの日々で普段はろくな食事をとる機会のなさそうなシェーンは、すぐに美味しそうなパイにかぶりつく。食事のお礼として旅生活を一時中断し、一家の仕事を手伝いはじめたシェーンは、息子のジョーイにも懐かれ家族の一員となっていく。ただし、アップルパイから生まれた微笑ましい交流は、スターレット一家と対立する横暴な牧場主との争いごとに、否応なく飲み込まれていくことになる。

もうひとつ思い出すのは、アメリカの地方都市のダイナーで、コーヒーと一緒に食べるアップルパイ。それは、カウボーイという存在がかつてとは大きく変わってしまった現代につくられた異色の西部劇『ブロークバック・マウンテン』（アン・リー監督、二〇〇五年）に登場する。今ではゲイムービーの古典として挙げられることも多い本作は、『シェーン』と同じワイオミングで、カウボーイとして生きるイニス（ヒース・レジャー）とジャック（ジェイク・ギレンホール）のラブストーリー。一九六〇年代、羊の放牧の仕事を請け負った彼らは、山のなかでふたりきりの時間を過ごすうち、欲望をぶつけ合い、狭いテントのなかで結ばれる。だが、同性愛者に向けられる世間の視線がいかに厳しいものかを知る彼らは、あくまで秘密の関係を貫き通す。互いに女性と結婚し、表向きは異性愛者を装いながら、数年ごとに山に籠って親密な時間を過ごす。山でのひととき、その限られた時間だけが彼らの幸福だ。

けれど時間が流れるにつれ、その関係に暗い影が覆いはじめる。映画の終盤、イニスが、ダイナーでアップルパイを食べるシーンがある。疲れ果てた中年となったイニスがつつくそれは、決して美味しそうには見えない。でも、ペシャンコに潰れたアップルパイだからこそ、その光景が目に焼きついて離れない。不寛容な時代と環境のなかで、同性愛の関係をひた隠しにせざるを得なかったイニスとジャック。ジャックは悲惨な最期を遂げ、結婚生活を続けられなかったイニスもまた、娘たちへの養育費を支払うため、トレイラーハウスに暮らしながら必死で働かなければいけない。ダイナーの惨めなアップルパイが、ふたりの悲しいカウボーイの生きかたとどこかつながって見えてくる。

韓国焼酎から白酒へ

『あなたの顔の前に』(二〇二一年、韓国)

監督：ホン・サンス
出演：イ・ヘヨン、チョ・ユニ

ホン・サンス監督の映画は、いつも同じことのくりかえしから成る。若い女は既婚の年上男性と不倫をし、女優は映画監督に口説かれ、振られた男は未練たっぷりに若い女につきまとう。そして誰もがみな酒を飲み、愛や人生についてぐだぐだと語り合う。作品ごとに登場人物や話が変わっても、そこで起きること、話されること、そして飲まれる酒はいつも変わらない。それがホン・サンスの映画だ、と長いこと思っていた。けれどどうもそうとは言い切れない、と気づいたのはここ数年のこと。あいかわらず速いペースと小さな製作体制で次々に新作を撮りながらも、ホン・サンスの映画はたしかに何かが変わってきた。『逃げた女』(二〇二〇年)でその予感を抱き[219頁]、『あなたの顔の前に』を見て、確信した。

『あなたの顔の前に』の主人公は、長く暮らしていた外国から、最近韓国に帰ってきたばかりのサンオク(イ・ヘヨン)。彼女はかつて女優として活躍していたが今はほぼ引退状態にある。妹(チョ・ユニ)の家に寝泊まりし旧交を温めながら、彼女はある約束のために店へと向かっていた。約束とは、ある男性の映画監督(クォン・ヘヒョ)との会合。サンオクの大ファンだという監督が「ぜひ一度、あなたにお会いしたい」と連絡を寄こしたのがきっかけで、それなら帰郷に合わせて一度会って話をしようということになったのだ。

実はこの会合に向かうまでに、サンオクは何度も躊躇していた。妹と朝ごはんを食べ、すっかり大人になった甥の営む店でトッポッキを軽く食べ、自分たち家族がかつて住んでいた家を訪ねた彼女の顔には、笑顔のなかに暗い影が見え隠れする。ときおり、祈りの言葉をつぶやき、出会った人たちと軽い抱擁を交わしながら、彼女はようやく監督との約束の場であるカフェへと向かう。

しかし予定とは異なり、案内されたのはまだ開店前で店主不在の居酒屋。「昼から居酒屋ですか」とあいまいに微笑むサンオクに、監督と助監督のふたりは、これは単に予約していたカフェと連絡がつかず急遽知り合いの店を貸してもらったのであって、決してお酒を飲もうというつもりではないとあわてて言い訳する。テイクアウトしたコーヒーを片手にそれでは話を始めましょうと言う監督に、サンオクは再び戸惑い、こう答える。「ランチだと思っていたのだけど」。その言葉に、監督たちはまたもあわて、近所の中華料理屋に出前を頼みはじめる。エビチリと酢豚を頼み、それならお酒もあったほうがいいだろうと、自然と酒が追加される。

日本では中華料理といえば紹興酒だが、どうやら韓国で中華に合わせるのは「高粱酒」という酒らしい。別名白酒（パイチュー）。雑穀からつくられた蒸留酒で、アルコール度数は五〇~七〇パーセントだというからかなりのもの。酒を飲むつもりじゃない、という言葉は早々に裏切られ、この度数がひどく高い酒を片手に、まだ明るい昼間から彼らの酒宴が幕を開ける。

ホン・サンスの映画ではしばしばお酒が登場するが、飲まれるのはたいてい、チャミスルに代表される緑色のボトルの韓国焼酎（ソジュ）。彼の映画によって韓国焼酎の存在を覚えた人は、私ひとりではないはずだ。それくらい、韓国焼酎は長らく彼の映画のトレードマークだった。でも『あなたの顔の前に』にはこの緑色のボトルは登場しない。代わりに金色のキャップがついた高粱酒がずらりと並ぶ。それだけで、この映画が過去のホン・サンス映画とは違う何かに到達しようとしていることが察せられる。

途中、監督にうながされ助監督が席を外すと、サンオクと監督はふたりきりで中華料理を食べ、酒を飲む。店にあったギターを弾いてみたり、監督がかつて見たサンオクの主演映画について熱っぽく語ったり。やがて話は、この会合の目的へと発展する。「いつかあなたを主演に映画を撮ってみたい」と言う監督に、サンオクは「主演作を撮るなら、撮影はいつごろになるのか」と尋ね、それが思いのほか時間がかかると知ると、それなら自分には無理だろうと寂しそうに笑いだす。「なぜ?」と監督が困惑して尋ね、ここから楽しいはずの酒宴は一気に別の次元へと移り変わる。

自分が韓国に帰ってきた理由。新作の映画に参加できない理由。サンオクは、これまで妹にも、そして観客にも隠していた自分の秘密を赤裸々に語り出す。会ったばかりの男を相手にこれほど自分を曝け出せるのは、酒の力を借りたからか。彼女の話を聞いた監督は、突然の告白に何も答えることができず、ただ杯《さかずき》を重ねるしかない。金色のキャップがテーブルの上に散乱し、やがて男はさめざめと涙を流す。

酒に酔い、怒鳴ったり泣いたりする女や男を、ホン・サンスは何度も何度も描いてきた。だがサンオクと監督が言葉を交わし涙を流すこのシーンは、これまで見たことがないほどに直情的で、心を打たれた。生きること。演じること。映画を撮ること。死ぬこと。自分の人生を成すさまざまな事柄について語りながら、彼女はこう言う。私は今、自分にできるせいいっぱいの仕事をしようと思う。そのきっぱりとした声に、私はただ一緒に泣くことしかできない。いつも感情を扱うことを避け、痴情にもつれたドラマを軽妙さとともに描いてきたホン・サンスが、これほどまっすぐに誰かの感情を映すだなんて、いったい彼の映画に何が起きたのか。

その大きな変化は、緑色のボトルが、金色のキャップと透明なボトルに変わったからかもしれない。いつもよりずっと強い酒が、彼女たちの心をほぐし、ふだんなら語らない言葉を語らせたのだ。酒の変化が、映画をもまた大きく変えていく。そのことを、ホン・サンスは見事に証明してみせた。

ヴァカンスとシードルは甘くない

『オルエットの方へ』(一九七一年、フランス)
監督：ジャック・ロジエ
出演者：ダニエル・クロワジ、フランソワーズ・ゲガン、キャロリーヌ・カルティエ 他

大きな鞄に荷物をたっぷり詰め込んで、友だちと、恋人と、田舎町へのんびり遊びに行く。山でピクニックをしてもいいし、海で日光浴をしたり、家のなかでひたすら読書を楽しんだっていい。とにかく仕事や勉強のことは忘れて二、三週間、た

だ飲んで食べて寝て、をくりかえす。最高に楽しくてすてきな、あこがれの夏のヴァカンス。

そんなヴァカンスへのイメージがどうやら幻想にすぎないらしい、と気づいたのは、フランス映画を見はじめてからだ。映画のなかで見るヴァカンスは必ずしも楽しそうではなかった。それどころか、もっと殺伐としていて、いろんなもめ事に満ちていた。どうも夢のような光景とは違うぞ、という疑いは、エリック・ロメール監督の『緑の光線』(一九八五年)を見て決定的になった。『緑の光線』の主人公は、パリで働く若い女性デルフィーヌ(マリー・リヴィエール)。恋人がおらず寂しがりな彼女がヴァカンスを通じて幸福をつかめるか、というこの物語には、旅先としてフランスのさまざまな場所が登場し、ラストには映画史上に残るすばらしいシーンが用意されている。けれどもしこの映画にもっともふさわしいコピーをつけるなら、それはひとつしかない。「ヴァカンスはつらいよ」。

一緒にヴァカンスへ行くはずだった友だちにドタキャンされたデルフィーヌは途方に暮れていた。せっかく休みを取れたのに、これでは夏中パリでひとりっきりで過ごすしかない。困った彼女は友人たちに相談し、南仏へ行く予定だった友人のヴァカンスに交ぜてもらうことにするが、生来の人見知りのせいで、まったくその場に馴染めない。しかたなくデルフィーヌは一旦パリへ戻り、今度はひとりで山へ出かけてみたり、また別の海辺へ出かけてみたりする。それでも孤独感は薄まらない。いっそのことひとりで平然と過ごせばいいのに、寂しがりな彼女にはそれが耐えられない。かといって、その場で誰か適当な相手を見つけるには、彼女はあまりにシャイすぎる。

「私には誰もいない。友だちにはヴァカンスを断られるし、どこへ行っても馴染めない」とめそめそ泣くデルフィーヌを見ていると、ヴァカンスに抱いていた理想がガラガラと崩れていく。映画が極端なのかもしれないが、相手がいない休暇はたしかに寂しい。とはいえ、相手がいるからといって楽しいとはかぎらない。何日も同じ場所で一緒に過ごしていたら、友だちだろうが、家族だろうが、そのうち嫌気がさしてくるのは当然だ。

「ヴァカンスはつらいよ」といえば、ジャック・ロジエ監督の『オルエットの方へ』も忘れてはいけない。同じくパリで働く女の子たちが、海辺の別荘でヴァカンスを過ごす物語で、ジョエル（ダニエル・クロワジ）、カリーン（フランソワーズ・ゲガン）、キャロリーヌ（キャロリーヌ・カルティエ）という三人での夏休みは、笑いとバカ騒ぎに満ちている。ここで寂しい思いをするのは、ジョエルの会社の上司ジルベール（ベルナール・メネズ）。彼はずっと気になっていたジョエルを口説きたくて、偶然のふりをして追いかけてきた。しかしその魂胆を見抜いた女の子たちに振り回され、彼のヴァカンスは散々なものになる。

ヴァカンスも二週目あたりになるともはややりたいことがなくなり、ただただ無為に時間が過ぎていく。すっかり退屈していたカリーンたちにとって、突然別荘に押しかけてきたジルベールは、格好の遊び相手。ジョエルへの恋心を利用し、ひたすら彼を揶揄《からか》い笑いものにする。その様子をどこか引いた目で見ているジョエルも、本心では彼の好意を面倒に思っている。

勝手に押しかけ彼女たちの別荘に居着いてしまうジルベールは、いわゆる「空気が読めない人」であり、悪くいえば「ストーカー」だ。だから女の子たちの彼への仕打ちは当然といえば当然だけれど、好きな相手にまったく相手にされず、他の子たちからも邪険にあしらわれつづける姿を見るうち、さすがに可哀想になってくる。ある夜、ジルベールは自分が釣ったアナゴで張り切って料理をつくるが、調理に時間がかかりすぎたせいで、女の子たちにはまったく食べてもらえずに終わる。翌朝、ついに耐えきれなくなったジルベールは、失意のなかパリへ帰ってしまう。

ジルベールの一件が尾を引いて、女の子たちの雰囲気もなんとなくギスギスしてくる。冷蔵庫が空っぽだと気づいた三人は、朝食を食べに別荘の下のカフェへ顔を出す。注文したのはワッフルとシードル。ところが店の女主人は「ワッフルはまだ出せない」と言う。ほら見てよ、と捏《こ》ねはじめたばかりでぐにゃぐにゃの生地を見せつけると、他のふたりは笑っているがカリーンはもう爆発寸前。午後に気になる男性とのデートを約束している彼女は、のんびり朝食を待つ余裕なんてないのだ。そんな雰囲気の悪さを吹き飛ばすように、「まあまあ、まずはシードルでも飲もうよ！」とキャロリーヌが瓶の蓋を景気よく開けてみせる。朝からお酒なんて、とびっくりするけれど、シードルならたいして気にならないのが不思議だ。

　初めてフランスへ遊びに行ったとき、ガレット屋で飲んだシードルに驚いた覚えがある。それまで、シードルといえばりんごジュースのアルコール版というイメージがあって、甘ったるいお酒だと思っていた。でもそこで飲んだシードルはピリリと辛口で、思っていたよりもずっと大人の味だった。一見可愛らしく見えるからこそ、よけいにその苦さが強烈だった。そういえば、いかにもワインがぴったりと合いそうなこの映画のなかで、彼女たちがワインを飲む姿はほとんど見られない。がぶがぶワインを飲んでいたのはむしろ邪魔者のジルベールのほう。くだらないことで馬鹿笑いをしては朝から晩まで遊びまくる女の子たちの夏休みには、多量のアルコールは必要ない。朝食に飲むシードルがあれば楽しく酔っぱらえる。

ただし、シードルが思ったより甘くないように、ヴァカンスもそれほど甘くない。ジルベールを追い出したジョエルたちは、自分たちの態度はやりすぎだったかも、と徐々に後悔しはじめる。カリーンの恋も思うようには進まない。休暇の終わりかたはどこかほろ苦い。怒りに駆られて勝手に帰る者。やることがなくなり仕方なく帰途につく者。あんなに和気藹々《あいあい》と楽しんでいた三人の姿は、海辺に吹き荒れる強風とともにあっというまに消え去ってしまう。

ヴァカンスを終えた女たちは、夏の終わりとともにパリへ戻っていく。苦々しい経験も、バカな男たちとのあれこれも、もう過去の話。また来年、彼女たちは性懲りも無くヴァカンスに出かけていくのだろう。そしてまた朝からシードルを飲み、馬鹿騒ぎに興じては退屈な日々をくりかえす。ヴァカンスとはそれで十分なのだ。

りんご酒をめぐるキツネたちの戦い

『ファンタスティック Mr・FOX』(二〇〇九年、アメリカ)

監督：ウェス・アンダーソン

声の出演：ジョージ・クルーニー、メリル・ストリープ

りんごが好物の動物は多い。動物園では象や猿のえさにりんごが使われているし、りんご農園ではカラスやムクドリによる鳥害が昔から深刻だ。ところでキツネの好物もやはりりんごなのだろうか。そんな疑問が浮かんだのは『ファンタスティック

Mr・FOX』という映画を見たから。『ザ・ロイヤル・テネンバウムズ』（二〇〇一年）、『グランド・ブダペスト・ホテル』（二〇一四年）などで知られるウェス・アンダーソン監督が初めて手がけたストップモーション・アニメーション映画。ストップモーション・アニメとは、静止した物体を一コマごとに少しずつ動かし、それをカメラで撮影していく技法で、日本ではコマ撮りともよばれている。この技法自体は、映画の発明初期から、SF映画等での特殊効果として使われてきたが、CG技術が発達した現在では必ずしも主流な技法とはいえない。一コマの間に何十回も人形や背景を動かし、まるで生き生きと動いているかのように見せるのは至難の業で、それを長編映画に仕上げるのは、想像するだけでそうとうの根気がいるはず。どうやらウェス・アンダーソンはこの面倒な技法がお気に入りのようで、『ライフ・アクアティック』（二〇〇四年）という実写映画でも、架空の海洋生物たちの姿をストップモーション・アニメで撮影し、日本を舞台にした『犬ヶ島』（二〇一八年）もやはりこの手法でつくられた。

『ファンタスティック Mr・FOX』の原作は、イギリスの小説家ロアルド・ダールの児童文学。『父さんギツネバンザイ』（田村隆一・米沢万里子訳、評論社）、あるいは『すばらしき父さん狐』（柳瀬尚紀訳、評論社）として日本でも刊行されている。キツネのミスター・

フォックスは名うてのニワトリ泥棒。農場に忍び込んではニワトリを早業で盗み出す。つねに危険と隣り合わせの職業で、ときには人間のしかけた罠にはまり絶体絶命になることもある。そんなある日、妻であるミセス・フォックスのお腹に赤ん坊が宿ったと知り、ミスター・フォックスは、今後は危ない泥棒稼業から足を洗い、まっとうな生活を送ることを誓う。数年後、成長した息子アッシュと共に、フォックス夫妻は地下の家で暮らしている。ミスター・フォックスの今の職業は新聞記者で、豊かではないが安定した生活を送っている。だが地下での暮らしにうんざりしたミスター・フォックスは、見晴らしのいい丘の上にある、ブナの木の家を購入する。この家はたしかに見晴らしはいいが危険性も高い、と不動産屋は忠告する。丘の向こうには、この谷で最も冷酷な三悪人と呼ばれる三人の農場主たちが住んでいるからだ。養鶏場を管理するボギス。ガチョウを飼育するバンス。そして七面鳥を育てりんご園を営むビーン。彼ら人間たちにとってキツネは害獣でしかない。万が一、三人に狙われたらおしまいだ。だがミスター・フォックスはその忠告になぜか目を輝かせる。

丘の向こうのご馳走を前に、ミスター・フォックスの野生の血が騒ぎ出す。家の管理人であるフクロネズミのカイリを相棒に、再び泥棒稼業に手を染める。ただし妻と息子には秘密のまま。まずは養鶏場でたんまりとニワトリを盗み出し、次にガチョウを山ほど手に入れる。次々にご馳走を持ち帰る夫を妻は訝しげな表情で見つめている。父に認められたい息子のアッシュは、なんとか父の秘密の稼業の仲間入りをしようと試みるが、父は体が小さく変わり者の息子を冷たくあしらってしまう。代わりに、家に居候中の甥クリストファソンに目をつける。運動神経抜群のこの甥っ子なら泥棒稼業の役に立ちそうだ。その様子に、アッシュはますますむくれ顔。

ある夜、ミスター・フォックスは、カイリとクリストファソンを連れて、ビーンの地下貯蔵庫に侵入する。そこには「Apple Cider」とラベルが貼られた瓶が大量に並んでいる。それを見たカイリが「アップルジュース?」と尋ねるとミスター・フォックスは「ジュースなもんか、これは酒だよ、まるで溶かした純金のように強くて美味しいりんご酒だ」と笑って答える。ビーンは、自分の農園で採れたりんごを使い、強くて美味しいりんご酒をつくっていて、毎晩この酒を飲んでいるらしい。ミスター・フォックスは、このりんご酒をたんまりいただこうと張り切るが、ここで突如、怪しげな音楽が流れ出す。現れたのは黒ネズミのラット。ミスター・フォックスのかつての宿敵で、今はビーンに雇われ貯蔵庫の警備員をしているという。久々の対決に燃える二人(二匹)。勝負を制したのは、仲間の手を借りたミスター・

フォックス。狙い通りりんご酒をたっぷりいただき、ほくほく顔で帰路につく。
ご馳走を手に入れてミスター・フォックスはおおはしゃぎ。だが人間たちも黙ってはいない。なかでも大事なりんご酒を盗まれたビーンは怒り心頭だ。農場主の三人は、従業員全員をかき集め、泥棒ギツネたちを襲撃する。ミスター・フォックスは尻尾を銃で撃ち落とされ、さらには家も破壊される。一家とカイリは地下深く潜り込みなんとか追っ手から逃れるが、ビーンは諦めない。トラクターで地面を根こそぎ掘り進め、地下に潜ったフォックスたちを兵糧攻めにする。もはや対象はキツネだけではない。アナグマ、モグラ、ネズミ、地面の下で暮らすあらゆる動物が人間に家を壊され、困窮していく。おまえのせいだとみんなに責められたミスター・フォックスは、なんとか解決策を見つけようと奮闘する。こうして、人間と動物たちの戦いの火蓋が切られる。

キツネと人間の熾烈な戦いを描くとともに、これはミスター・フォックスの家族をめぐるドラマでもある。変わり者の息子は、あこがれの父に認めてもらえないことに深い悲しみを抱き、従兄弟のクリストファソンに嫉妬する。そんな息子を、母は優しく諭す。誰かと比べる必要なんてない、変わり者である自分に誇りを持ちなさいと。一方で彼女は、自分に嘘をつき家族を危険にさらした夫への憤りを募らせていく。

ミセス・フォックスは聡明な人だ。家族ができたのだから安全で地に足のついた生活をしなければ、という彼女の言葉は正しい。それに対し、反省はしているが俺はどうしても野生動物として生きたいのだと夫は答える。新聞にコラムを書くようなつまらない仕事より、血とスリルに満ちた泥棒稼業こそ、キツネの本来の仕事というわけだ。彼の主張はある意味で矛盾している。野生動物だと胸を張るわりに、彼の立ち振る舞いは実に人間じみていて、洗練されている。オシャレに気をつかい、盗んだニワトリは丁寧に調理をする。美味しく加工したりんご酒やワインを好み、穴蔵で生活するよりも見晴らしのいい豪勢な家を追い求める。これではまるで人間の生活そのものだ。

とはいえ彼らがやはり野生動物だと感じる瞬間もきちんと描かれる。ものを食べるときのすさまじい速さ。ニワトリにがぶりとかぶりつく凶暴さ。そして地面を掘り進める素晴らしい能力。ストップモーション・アニメならではのカクカクとしたぎこちない動きだからこそ、彼らの行動がより獰猛《どうもう》で荒っぽく見えてくる。スーツを着て気取った顔をしたキツネたちがときおり見せる動物らしさ、その矛盾がおもしろい。

ビーンのりんご酒は、美味しいだけでなく思いがけない攻撃力を発揮する。酔いの快楽を与えてくれると同時に人を傷つける武器にもなるのが酒の怖さだというように、大量のりんご酒はミスター・フォックスたちに突然襲いかかる。キツネと人間の戦いの行く末はいかに。ハラハラしつつ事態を見守りながら、酒以外にもたっぷりと登場するりんごの姿に心が和む。皮に星の模様がついた可愛いりんご。ビーンの妻がつくるジンジャー入りのりんごクッキー。そして物語の最後は、りんご酒の代わりに正真正銘のアップルジュースでの乾杯で締められる。やはりりんごはキツネの大好物らしい。

悪魔でも救世主でもない

「酒」を描く

『アナザーラウンド』（二〇二〇年、デンマーク）

監督：トマス・ヴィンターベア

出演：マッツ・ミケルセン、トマス・ボー・ラーセン

酔いどれ。飲んだくれ。ヨッパライ。これまで数々の映画が、酒という魔に魅入られた愛すべき愚か者を描いてきた。ビールをガブ飲みし笑い転げる若者たち。ウォッカを飲んでは道端に吐きまくる者。ワインを片手におしゃべりに興じ、髪を濡

らしクラブのトイレで吐きまくる人々。日本酒に酔いしれる浪人がいれば、ウイスキーを酌み交わすギャングがいる。誰もがバカバカしく愛おしい。

デンマーク映画『アナザーラウンド』は、ふとしたきっかけから酒に溺れていく中年男たちの悲喜劇。これぞまさに酔いどれ映画、と思いつつ、どうも様子が違う。ここに登場するのは、酒に魅入られたのではなく、自ら飲んだくれになってみようと奮闘する者たち。目指すのは清く正しい酔っぱらい。酒をめぐる大真面目な修業と実験を描いた映画なのだ。

映画における飲んだくれの描写方法には、大きく分けて二種類ある。ひとつは、酒を飲む「動作」の美しさを映したもの。たとえばオタール・イオセリアーニ[3頁]やホン・サンス[20・111・120・219頁]の映画。彼らの映画にはしばしば酒を大量に飲んでは酔いつぶれる者たちが登場し、酒を飲む優雅な動作がたっぷりと映される。

酒の瓶を開けては次々に口元へ流し込む。カツン、カツン、とグラスをテーブルに叩きつけてはすぐにまた持ち上げる。無駄のない動きはダンスの振りつけのよう。それを盛り上げるのは、不明瞭で無意味な会話が奏でるリズム。動作とリズムが調和し、時間が経つにつれ、くだを巻くみっともない姿すら美しく見えてくる。大事なのは、途切れなく飲みつづけること。酔いが覚めれば動作の魅力が消えると言わんばかりに、彼らは徹底的に酔いつづける。

もうひとつのパターンは、酒を飲むことから生まれる「物語」を描いたもの。いわゆるアルコール依存症をテーマにした映画の多くがそう。ここでは、酒を飲む行為そのものが意味を持つ。酒瓶を握ることはすなわち主人公の身の破滅を意味し、酒から身を遠ざければ希望の兆し。主人公がいつどのように酒を飲むか、いつ飲むことを断念するか、決断の瞬間が物語を展開させる。アルコール依存症の主人公を悪夢的に描いた『失われた週末』(ビリー・ワイルダー監督、一九四五年)で、酒を飲むこと、飲まないことのくりかえしがサスペンスをつくりだすように。『フライト』(ロバート・ゼメキス監督、二〇一二年)で、デンゼル・ワシントンの手が酒瓶をつかみ取る一瞬が、最高の興奮をもたらすように。たった一杯の酒に手を出したために、得られるはずだった幸福を決定的に失ってしまうこともある。ジェフ・ブリジッスが酒浸りのミュージシャンを演じた『クレイジー・ハート』(スコット・クーパー監督、二〇〇九年)のように。

この分類に従えば、『アナザーラウンド』は「物語」としての酒飲み映画と言えそう。物語を次の展開に突き動かすのは、やはりいくつもの決断だ。マッツ・ミケルセン演じる歴史教師マーティンが最初に酒を口にする、その一瞬が忘れられない。自制心の強い彼は、友人ニコライ(マグナス・ミラン)の誕生日会だというのに、頑なに酒を断りつづける。だが友人たちに勧められ、マーティンはそっと上等なウォッカに口をつける。

最初はたった一口。それが一杯になり、二杯、三杯と続くうち、酒で潤った彼の口から堰を切ったように本音が漏れはじめる。妻との不和。加齢への不安。失ってしまった仕事への熱意。現在の生活の悲惨さ、やりきれなさが、ぽつりぽつりと語られ、目には涙が浮かぶ。そんなマーティンの変貌を呆然と見つめていた友人たちの目にも、やがて何かが宿る。さあ飲もう、とひとりが言い、次々にグラスが空いていく。マーティンの飲んだウォッカ一口が、四人の男たちの運命を変えたのだ。そのあとも、誰かが口にする最初の一口が、物語を動かしていく。

それにしても、人が酒に溺れていく過程をこれほど教育的に描く映画はなかなかない。心理学を学ぶニコライは、酒がもたらす効能と変化を友人たちに解説し、血中アルコール濃度を上げることで仕事の能率が上がっていくかどうかを調べようと提案する。これは論文のための実験だというのが彼の理屈。彼らは、自分がなぜ酒を飲む必要があるのかを規定せずにいられない。これは自分を解放するための薬。ちょっとした悪癖が人生を豊かにする。偉人たちだって酒によって成功を収めたわけだし。なぜこれほど飲むことに意味を求めるのか。それは、本物の飲んだくれのように、無意味に酔いしれる度胸がないからだ。その存在にあこがれながら、本当の意味では酔っぱらいに成り下がりたくない。そんな小市民的な態度が、おかしくもあり哀しくもある。

当然ながら、飲めば飲むほど、飲むことの意味は失われていく。必死で言い聞かせていた意味や論理を失い、彼らは真の飲んだくれへと近づきはじめる。酒の種類、飲みかたのバリエーションが増え、ハリウッドの青春映画さながらに、彼らは馬鹿騒ぎを演じてみせる。飲む動作が徐々に美しく洗練されていくさまはじつに見事。さあ幸福までもう少し、と思いきや、彼らはふと我にかえる。気づけば勤務中や家族との時間に飲む量は増えつづけ、周囲からも怪しまれはじめていた。当初の目的を逸脱しすぎたと気づいた彼らは、すぐさま実験を中止し、生活を立て直そうと努力する。

こうして彼らは物語の定型へと引き戻される。度を過ぎた飲酒は破滅のもと。まっとうな人物はどこかで酒をやめる決断をくだすもの。それでもあと戻りできない者は、破滅の道へ突き進むしかない。まさしく定型の教訓的物語。だが不思議なことに、本作ではどんな悲劇を前にしても、彼らの手から完全に酒が奪い去られることはない。酒を悪者にも救世主にもしないこと。その微妙な采配が、この映画を

「教訓」から遠ざける。

最後には、最高に幸福なシーンがやってくる。高校の卒業式の後、祝福の酒を一身に浴びる若者たちに囲まれ、美しく荘厳な男の身体が、酔いとともに戯れる。そのとき、物語の枠ががらがらと崩れ落ち、本物の飲んだくれ映画が誕生する。

そのグラスに
口をつけたら地獄行き

『果てなき船路』（一九四〇年、アメリカ）
監督：ジョン・フォード
出演：ジョン・ウェイン、トーマス・ミッチェル

その船で働く水夫たちは、誰もがみな陸地に上がることに焦がれている。ここで働く者は四六時中きつい仕事に明け暮れ、狭い船室に押し込まれる。食事はまずく、

酒も飲めない。女もいない。こんな生活はもううんざり、この仕事が終わったら今度こそ船上生活とはおさらばだと誰もが口を揃える。しかしそもそも行き場のない者たちが集まるのが船であり、みな結局はこの場所に戻ってしまう。

ジョン・フォード監督の『果てなき船路』が描くのは、陸上には居場所がなく、船の上でしか生きられない男たちの姿。彼らが乗るのはさまざまな品物を運ぶ商船だが、時は戦時中、軍の命令でこっそりと爆薬が積まれている。その秘密が外に漏れないよう、船長は荷を下ろすまで水夫たちに上陸を禁止する。彼らにとって船上生活の唯一の慰めは、上陸時に手に入れるラム酒だけ。沖が近づき目の前には酒がたっぷり揃った地が広がっているのに、自分たちは船から一歩も動けないなんて拷問もいいところ。鬱憤の溜まった水夫たちはこっそりと船を降り、街で働く女たちに話をつけ船に乗せてしまう。女たちは果物の売り子を装っているが、果物かごにはちゃんとラム酒が隠されている、という算段だ。だが酒が入ればあっというまにどんちゃん騒ぎが始まり、水夫らは船長に見つかり大目玉を喰らう羽目に。

誰もがあの手この手で酒を飲もうとするなか、ひとりだけ仲間から酒を固く禁止された男がいる。ジョン・ウェイン演じるオルセンだ。長年船の上で暮らし、もはやここにしか居場所がない男たちのなかで、若いオルセンだけはまだこの生活に浸り切らず、今回の航海が終わったら生まれ故郷のスウェーデンに帰って農場で働くのだと夢を語る。とはいえオルセンには、過去に何度か故郷に帰ろうとしたものの、そのたびに酒に飲まれ機会を逸してしまったという苦い思い出がある。それを知る同僚たちは、今度こそ彼には酒を飲ませまいと奮闘する。古参の船員ドリスコル（トーマス・ミッチェル）をはじめ、同僚たちもまたそれぞれに苦い過去を抱える身。せめてオルセンにだけは、ここを抜け出しまともな生活を送ってほしい。自分には叶えられないとわかっているからこそ、彼らはその夢を若い彼に託すのだ。

実際、この船には、酒によって身を持ち崩した男たちが大勢いる。いつも寡黙で、浮かない顔をしているスミティ（イアン・ハンター）もそのひとり。ある日、こっそりと海に投げ捨てたラム酒の瓶のせいで、スミティは仲間たちからドイツのスパイだと疑われ捕らえられてしまう。だが、実は彼がアルコール依存症のために苦しんでいて、そのせいで家族とも離別せざるを得なかったのだと知ると、仲間たちは沈痛な面持ちで彼を解放する。酒を飲みたいと渇望しながらも必死で自分を保とうとするスミティの苦しさが、彼らには痛いほどよくわかる。ここにいる誰もが、酒によって孤独を癒され、酒によって人生を失った者たちなのだ。

危険な航海のなかで、船員たちの何人もが命を落とす。どうにか航海を乗り切った者たちは、晴々とした顔で陸に上がり歓声をあげる。だが久々の酒より、女の体より、もっと大事なものがある。「酒を飲むのは、オルセンをスウェーデン行きの船に乗せてからだ！」群れになった犬のように、彼らは船の切符売り場に駆けつける。どうにか切符を買い一安心したのも束の間、魔の手がひたひたと忍び寄る。一度乗ったら低賃金で死ぬほど働かせられると噂の地獄船「アミドラ号」の船員たちが、働きがいのありそうな若いオルセンに目をつけたのだ。悪徳酒場と手を組んだ彼らは、オルセンをぐでんぐでんに酔わせその隙に拉致しようと付け狙う。

あの手この手を使い、オルセンに酒を飲ませようとする悪漢たちと、絶対にこいつに飲ませてなるものかと目を光らせる仲間たち。間に挟まれたオルセンは「ビール一杯くらいなら大丈夫さ」と軽口を叩くが、もちろん一杯どころか一口だって許されない。自分たちは山ほど酒を飲んでいるくせに、と言いたげなジョン・ウェインの恨み顔がなんともおかしい。仕方なくジンジャービール（エール）で乾杯するが、それだって安心できない。たとえアルコールが含まれていなくても、泡が浮いたグラスは危険がつきもの。グラスに口をつけたら一巻の終わりなのだ。

果たしてオルセンは無事この難局を乗り越え、故郷に帰ることができるのか。夜の酒場で、飲むか飲まぬか、究極のサスペンスドラマが幕を開ける。

増村映画と葡萄酒

『妻は告白する』（一九六一年、日本）
監督：増村保造
出演：若尾文子、川口浩 他

増村保造監督の映画ほどワインと相性のいいものはない。時代設定上、日本酒が出てくることはもちろんある。でも劇中で印象的な酒の場面はたいがいワイン。いや、しばしば和装姿の女性たちが登場する増村映画では、ワインというより葡萄酒と呼びたくなる。酒のなかでもとりわけ葡萄酒にこだわったのは、イタリアへの留学経験をもつ増村だからなのか。

『妻は告白する』。ここでは実際にワインが飲まれることは一度もない。だが飲まれずに終わったワインの不吉さが忘れられない映画だ。日本アルプスでの登山中、夫のザイルを切断し転落死させた罪に問われる妻の彩子（若尾文子）。世間では、若い愛人の幸田（川口浩）のために夫を殺したと思われているが、真相は最後まで明らかにされない。裁判のすえ無罪を勝ち取った彩子は、幸田との新生活のためにマンションを買い彼の帰りを待つ。そこで用意するのがとっておきの葡萄酒。それまで夫の趣味で和服ばかり着ていた女が、洋服にエプロンをつけてはしゃぐ姿がなんともいじらしい。しかし女の変わり身の早さに、幸田は「やはり彼女が夫を殺したのでは」と疑いを抱く。男に拒絶された葡萄酒は、床に叩きつけられ真新しい絨毯に赤い染みをつける。実際には白黒の画面だが、黒々とした染みは赤い血のように見る者の脳裏に焼きついて離れない。若尾文子の恐ろしいほどの美しさと葡萄酒の染みが、彼らの行き着く先を予言する。

市川雷蔵演じる若い幹部候補生が、極秘で開設された陸軍のスパイの養成学校に入学させられ、スパイになるべく奮闘する『陸軍中野学校』（一九六六年）。このスパイ養成学校では、生徒たちはみな突然世間から隔離され、親や恋人も捨てざるを得なくなる。「こんな寺子屋のような場所でスパイ養成なんて可能なのか」「立派な軍人になるはずが、なぜ後ろ暗いスパイになんて」と当初は反発や疑念を抱いていた彼らだが、なんとしても日本初の優秀なスパイを生み出し、世界各地に派遣したいと熱弁を振るう教官・草薙中佐（加東大介）に徐々に心酔していく。市川雷蔵演じる次郎も、その熱に浮かされ、あれほど愛していたはずの婚約者・雪子（小川真由美）や母（村瀬幸子）を捨て、スパイの特訓に勤しむ。

だが、次郎を心から愛する雪子は、突然行方不明になった彼をどうしても諦めきれない。手がかりを求めて陸軍の参謀本部でタイピストとして働きはじめた雪子。そこから運命の歯車が狂い出す。次郎は軍によって処刑されたと嘘を教えられた雪子は、陸軍への復讐のためイギリス側のスパイとして活動を始める。それを知った次郎は、愛する女スパイを自分の手で殺そうと、彼女のもとに一年ぶりに姿を現す。自分の身分を明かさないまま、次郎は幸子を連れ、ふたりきりの夜を過ごす。死んだはずの婚約者の再訪に涙を浮かべ、女はうっとりと彼の腕のなかで微笑んでいる。やがてふたりはホテルの部屋に落ち着くが、ここで次郎は、自分たちだけで結婚の誓いを交わそうと提案し、真っ赤な葡萄酒をグラスに注ぐ。ふたりで飲む契りの酒。そう聞いて、雪子は喜んで葡萄酒を飲み干してしまう。愛する人の手によって毒が入れられているとも知らずに。こうして次郎は本当の意味でスパイとなる。感情の一切をなくし、サイボーグのように無表情となった彼は、列車に揺られ、新たな仕事場となる中国大陸へと渡るのだった。

同年につくられた『赤い天使』（一九六六年）でも、男女の契りの酒として葡萄酒が登場する。天津の陸軍病院で従軍看護師として働く西さくら（若尾文子）は、日々、凄惨な現場に立ち会いつづける。ときに患者から強姦されるという悲痛な事件をも経験しながら、西は、否応なく従軍看護師としての覚悟を身につけていく。患者たちのほとんどを救うことができない無力さ、自分の身が明日どうなるかもわからない不安を抱え、彼女はただ戦争とともに生きるしかない。

そんなある日、西は戦場でひたすら兵士の手術に勤しむ岡部軍医（芦田伸介）と出会う。岡部軍医は、毎日毎日、大量の兵士の手足を切断しつづける日々のなかにあっても平静を保ち、どこか達観して見える。実際には、彼はすでにモルヒネ中毒となっており、そうすることでこの地獄のような戦場でどうにか気力を保っているのだった。そんな彼に、西はまたたくまに惹かれていく。だが、戦場はあまりに過酷で恋愛が実る余裕はない。

やがて前線へと赴いた西と岡部は、ある夜、ついに結ばれる。だがそれが最後の一夜になるかもしれないことは、ふたりともよくわかっていた。小隊にはコレラが蔓延し、どれほど懸命に治療しようと、患者たちを死から救うことはできない。壊滅状態のこの場所は、まもなく敵軍に襲われるだろう。それでもふたりは裸で抱き合い、大事に隠し持っていた葡萄酒で乾杯する。最後の別れにはやはり葡萄酒がよく似合う。

飲むことを許されなかった酒が
死を呼び寄せる

『マッチ工場の少女』（一九九〇年、フィンランド）
監督：アキ・カウリスマキ
出演：カティ・オウティネン、エリナ・サロ

アキ・カウリスマキ監督の映画において、酒はつねに主要な登場人物である。なにしろ監督自身がそうとうな飲兵衛《のんべえ》らしいので、映画に出てくる人々も当然みな飲兵衛ばかり。よく描かれるのは、労働者たちが日々の疲れを癒す酒。酒場でビール

を飲み、家でウォッカを飲む。デートの際にはちょっとだけ奮発してワインを飲む。最近は飲兵衛に対する自戒の念が出てきたのか、最新作『枯れ葉』（二〇二三年）では、職場でもこっそり酒を飲まずにいられないアルコール依存症の男が、酒のために唯一無二の愛を失いそうになるさまを描いてみせた。それでも、恋人たちが自宅でデートをする際には、小さなスパークリングワインが大事そうに飲まれていた。

酒映画の名手カウリスマキのフィルモグラフィのなかで、酒を飲むことの不吉さを正面から扱っているのは、『マッチ工場の少女』。マッチの製造工場で働くイリス（カティ・オウティネン）は、母親（エリナ・サロ）とその恋人の男（エスコ・ニッカリ）と三人暮らし。彼女には兄がいるが、彼はすでにこの家を見捨て、別の場所で暮らしている。兄のように独立する勇気のないイリスは、工場で働いた金を母親たちに搾取され、彼らの食事の用意を押しつけられている。

自由になる金がなく、親しい友人や恋人もいないイリスは、いつもひとりぼっちだ。たまにクラブへ行っても、ダンスに誘ってくれる人は誰もいない。そんな毎日に耐えきれなくなったのか、ある日彼女は、ショーウィンドウで一目惚れした花柄のドレスを購入する。自分の給料で買ったのだから怒られる筋合いはないはずなのに、母親と義父は「こんな無駄なものを買うなんて。すぐに返品して金を家に納めな」と叱りつける。だが、今夜のイリスはただ大人しく言うことを聞く女ではない。ドレスを着て酒場へ出かけた彼女は、初めて声をかけてくれた男の家についていき、一夜を過ごす。豪華な家に住み、金払いのいい裕福そうな男。希望の光を見つけたかのように、イリスは彼の存在にしがみつく。しかし何度も連絡をよこす彼女にうんざりした男は、「あれはただの一夜限りの遊びだ。君のことはこれっぽっちも愛していない」と冷たく言い放つ。

カウリスマキの映画では、言葉はほとんど使われない。だが言葉がないからといって、静かな映画なわけではない。むしろこれほど雄弁な映画はない。クラブの椅子に腰掛けたイリスがジュースを飲む姿が映ったあと、足元に何本も溜まった空瓶が映されるだけで、彼女が誰からも声をかけてもらえずひとりで何時間も座っていた状況が説明されるように、映像とそのつなぎかたによってすべては十分に語られる。だから言葉は必要ないのだ。

冒頭、ベルトコンベアで運ばれた丸太が徐々に切り刻まれて小さな木片になり、やがて箱に詰められたマッチ箱が出来上がるまでが映され、続いてそれを検品するイリスの姿が映る。その美しいほどに整然とした映像の連なりによって、彼女がどのようにこの社会で生きてきた人なのかが嫌というほどわかってしまう。決められた手順に従って、まったく同じ形の無数のマッチ箱が出来上がるように、彼女もまたこの社会で生きる無数の名もない人々のひとりでしかない。悲惨な家庭環境も、貧しい経済状況も、けっしてイリスを特別な存在にはしてくれない。誰もが同じように貧しく不幸である。それが現代の社会なのだ。それでも人を特別な存在にしてくれるもの、それは愛と呼ばれる何かだ。誰かを愛し、愛されることで、どれほど社会のなかで疎んじられようと、人は唯一無二の存在になれる。だから人は愛という言葉にしがみつくのだし、昨今のカウリスマキの映画が愛によって結ばれるふたりを頑なに描きつづけるのは、その唯一の希望を信じたいからだ。

けれどイリスは、愛することも、愛されることも徹底的に拒絶される。母親からの愛はとうに失い、酒場で出会った男も自分を愛してはくれない。妊娠し、この子だけを愛して生きようとするが、今度は事故により子を失ってしまう。すべてを失った彼女は、ついにこの世界に復讐することを決意する。彼女が手に取るのはどんな大型犬も一発で殺せる毒薬。自分を愛してくれなかった男を殺し、酒場で声をかけてきたまた別の男を殺し、長年自分を虐げてきた母親と義父を殺すのだ。

彼女が毒薬を入れるのは決まって酒であるのが興味深い。彼女はずっと、酒を飲むことを許されずにきたからだ。毎晩、夕食の準備を任されるのは彼女なのに、義父が酒を注ぐのは自分と母親のグラスだけ。まるでイリスに酒を飲ませるのはもったいないとでもいうように。金持ちの男は、一度寝たからといって、レストランで一緒にワインを楽しむような関係ではないのだとイリスを拒絶する。酒場の男たちは、飲んだくれるばかりで優しい言葉のひとつもかけてくれなかった。だから彼女は酒によって彼らを殺すのだ。自分たちだけで独り占めするなら存分に飲めばいい。お酒でもてなそうともしてくれなかったあなたに、さあ乾杯。体を目当てに酒を奢ろうとする男にも、どうぞ祝福あれ。こうして彼女の手に触れた酒は死の祝杯となる。ただし、人々がそれを飲む姿は映っても、毒に苦しみ死んでいく姿は映されない。死体が映ることがなくても、彼女がグラスに何かを注ぎ、それを飲んだ人々がいる。それだけで、すべてが語り尽くされる。

もし、彼女がはじめから酒を飲むことを許されていたなら、と考えてしまう。家族みんなで酒を楽しみ、酒場でビールを飲み、恋人の家やレストランでワインやウイスキーを飲みながら愛を語らうことができていたら。でも、そんな夢想は虚しいだけだ。イリスにとって、酒はもはや死を呼び寄せるものでしかなくなってしまった。すべてをやり終えた彼女は、最後、刑事たちに連行されていく。彼女がいなくなっても、マッチ工場のベルトコンベアはあいかわらず無数のマッチをつくりつづける。

断酒会の風景

『ドント・ウォーリー』（二〇一八年、アメリカ）
監督：ガス・ヴァン・サント
出演：ホアキン・フェニックス、ジョナ・ヒル

映画のなかで、人がお酒を飲む姿を見るのが無性に好きだ。スピーディーに次々と杯を空けていくさまは、それ自体が一つのアクションシーンのようで、ひっきりなしに口元にグラスを運ぶ滑らかな手の動きはダンスのように美しい。たとえ無様に酔い潰れ、トイレの便器に頭をつっこみ、道端に倒れ込む羽目になったとしてもかまわない。愚かな振る舞いをすればするほど、彼女／彼は喜劇王のように光り輝

く。酒を飲むことは、ただただ純粋な喜びに満ちた行為なのだ。

だが祝福されたその行為は、ある瞬間から、恐ろしい何かに変わっていく。どんな類であれ、度を越した行為は、いつしか人に恐怖を感じさせる。酒を飲むことも同じ。あまりにも大量の飲酒は暴力を引き出し、まわりの人たちを傷つけ、悲しませる。何より、本人の体と心を傷つける。それがアルコールの怖さだ。

『失われた週末』（ビリー・ワイルダー監督、一九四五年）から『To Leslie トゥー・レスリー』（マイケル・モリス監督、二〇二二年）まで、アルコール依存症というテーマは、さまざまな映画で扱われてきた。その多くは、酒に溺れ破滅していく主人公の姿をまざまざと記録し、酒をやめると決めてからもずるずると飲みつづけてしまう主人公や、周囲の人々が苦しむ姿を描く。『センチメンタル・アドベンチャー』（クリント・イーストウッド監督、一九八二年）や『リービング・ラスベガス』（マイク・フィギス監督、一九九五年）のように、死に至る瞬間まで決して酒をやめようとしない男の様をロマンティックに見つめる映画もあるが、そこで描かれるのはむしろ緩慢な自殺としての飲酒。『センチメンタル・アドベンチャー』で流しの歌手を演じるイーストウッドは、肺病を病みながらも薬がわりにウイスキーで喉を潤し、最後はかつて愛した女の名を呼びながらウイスキーを片手に死んでいく。

一方、ガス・ヴァン・サントが二〇一八年に監督した『ドント・ウォーリー』は、やはり依存症を扱いながらも、これまでの映画とは異なり、酒をやめようと決意した人々に視線を向け、断酒の過程を丁寧に描写する。オレゴン州ポートランドで、養子として育ったジョン・キャラハン（ホアキン・フェニックス）は、一〇代でアルコール依存症になり、それからひたすら飲みつづけたすえに、二一歳のとき、泥酔した友人の運転で自動車事故に遭い、胸椎から下が麻痺してしまう。そこで目が覚めたと思うのが普通の発想だが、そんな状態になっても酒をやめられないのが依存症の恐ろしさ。車椅子で街を散歩しながらも、ジョンは人目を避けてこっそりと酒を飲みつづける。飲まずにいれば死ぬほどの苦しさを味わうのだから、飲むことは彼にとって生きるための手段なのだ。とにもかくにも飲まずにはいられない。でも不自由な体では、自由に酒を買いに行くことも、棚に置かれた酒瓶を自分ひとりで取ることもできない。ワインのコルクも自力では開けられない。仕方なく毎日のように介護人に「酒を買いに行け、酒を飲ませろ」と罵声を浴びせ、そのたびいいかげんにしろと呆れられる始末。そんな毎日に嫌気がさしたのか、ある日を境に、彼はついに断酒を決意する。断酒会でスピーチをしていたドニー（ジョナ・ヒル）という男に会いに行き、依存症克服のためのグループミーティングへ参加し、同じように依存症に苦しむ人たちと語り合う。

　本作は、ポートランドで風刺漫画家として活躍したジョン・キャラハンが書いた回顧録をもとに、彼の人生を忠実にたどっていく。ただし、実在した人物の人生を描くうえで、ガス・ヴァン・サント監督はありきたりな方法を選ばない。以前、来日した監督にインタビューをした際、「伝記映画というより、ひとつの大きな流れのなかで彼の人生を語りたかった」「直線的なつながりのある場面をあえてつくらず、それぞれのエピソードが互いに呼応しあうようにつなげていった」と語っていたが、たしかにこの映画は、大きな挫折を体験した主人公が苦労しながら依存症を克服し、やがて漫画家として大成する、という安易な物語には陥らない。ジョンが参加する、依存症克服のためのグループミーティングの場面から始まり、彼の過去と現在、未来が断片的に映される。

　断酒会のミーティングには、さまざまな出自や年齢の人々が参加している。裕福な家庭で主婦として何不自由のない生活をしていた女性。路上詩人だと名乗り自作の詩を挑発的に読み上げるゲイの黒人男性。まわりの人たちの話をからかってばかりいるが、実は心臓のがんを患っている女性。それぞれの話を聞きながら、ジョンもまた過去の記憶を徐々にたどり直す。事故の起きた夜。病院でのリハビリ。養子として育った幼少期。顔も知らない実の母親。一念発起し大学で美術を学びはじめたこと。風刺漫画を描く楽しさ。決して時系列に沿った話ではないが、人が過去を振り返るときは、こんなふうにぽつぽつと記憶をよみがえらせるものかもしれない。そうして過去を思い出しながら、自分はなぜ酒に溺れ、なぜそこから這い出ようとしているのか、ジョンは自分に問いかける。

ここで描かれる断酒会は、アルコホーリクス・アノニマス（AA）という世界的に知られる断酒団体のシステムに基づいている。飲酒をやめたいと願う人なら誰でもこの団体に参加でき、ミーティングを重ねながら、一二個のステップを実行していく。それぞれのステップが細かく紹介されるわけではないけれど、一二個のステップに沿って、ジョンの顔つきが変わっていくのがわかる。同時に、彼の周囲にいる人々の様子も変化する。彼らはみな話すことによって内に抱えた怒りを解放し、自分を傷つけた人々を許し、自分自身を許す。そして酒によって負った傷を癒していく。ジョンの助言者（スポンサー）になったドニーにもまた、依存症になった過去がある。なぜ酒に逃げたのか。どうして酒をやめようと決めたのか。時間が経つにつれ、だんだんと体の調子が崩れていくドニーは、自分に残された時間が少ないことを知りながら、ジョンに酒を飲まずにいるよう助言しつづける。

酒をやめるのではなく、飲まずにいることを一日、二日と持続し、その時間を積み上げていくこと。それがＡＡが提案する断酒の方法であり、この映画の構造とも呼応し合う。酒を断とうと決意した日から、ジョンは過去をもう一度生き直すのだ。何より、ジョンが酒をやめようと決意した瞬間の描写がおもしろい。これまでに酒を飲んだ時間が、スライドショーのように次々に流れていく。ウイスキー、テキーラ、ジン、ワイン、ビールと種類を問わず、だいたいはボトルのまま彼の口のなかにぐいぐいと流し込まれる。快楽の瞬間が積み重なり、ある限度を超えたとき、彼は酒をやめようと決意する。それは人生をリセットすると決めた瞬間でもあるが、だからといって過去が消えるわけではない。それまでに生きた時間、飲んだ酒の量の上に、飲まずにいる時間が重なっていく。過去と現在、未来が混ざり合い、ジョンの新しい人生が、ひとつまたひとつと積み上げられる。小さな泡のように点在する断片的な時間。それらが組み合わされ、いつしかジョンの人生という大きな流れができあがる。

ビールを飲む女たち

『三人の女』（一九七七年、アメリカ）

監督：ロバート・アルトマン
出演：シェリー・デュヴァル、シシー・スペイセク、ジャニス・ルール

『M★A★S★H』（一九七〇年）、『ショート・カッツ』（一九九三年）などで知られる名匠ロバート・アルトマン監督による異色の女性映画『三人の女』。そのタイトル通り、カリフォルニアの砂漠の街パーム・スプリングスを舞台に、三人の女たちがもつれた糸のように絡み合い、不可思議な変化《へんげ》を遂げていく。

リハビリセンターに勤める療法士のミリー（シェリー・デュヴァル）は、テキサス

の田舎からやってきたピンキー（シシー・スペイセク）とルームメイトになる。気弱で情緒不安定なピンキーは、おしゃれで現代的な先輩ミリーを尊敬し、自分もこんな女性になれたらとストーカーのようにつきまとう。ミリーのほうも崇拝されて悪い気はせず、ピンキーを子分のように引き連れている。だが実際のミリーは、いつも虚栄ばかり張っている気取りやだと、周囲から冷ややかな目で見られていた。そこに、ふたりが住むアパートの大家の妻で妊娠中の画家ウィリー（ジャニス・ルール）が加わり、事態はさらに複雑に絡まり合う。

ミリーを演じるシェリー・デュヴァルは大きな目とやせっぽちの身体が印象的な俳優。アルトマンにスカウトされ役者業を始めた彼女は、本作によりカンヌ国際映画祭主演女優賞を受賞、その後もアルトマンの映画の常連俳優として活躍し、スタンリー・キューブリック監督の『シャイニング』（一九八〇年）では、孤立したホテルのなかで、狂った夫（ジャック・ニコルソン）に追われ幼い息子と共に逃げまどう妻ウエンディ役を演じた。

ミリーを慕うピンキー役は、この映画の前年にブライアン・デ・パルマ監督の『キャリー』（一九七六年）に主演したシシー・スペイセク。『三人の女』で、ピンキーが料理の準備中にトマトソースの缶をひっくりかえし自分の服を真っ赤に染めてしまうのは、プロムの会場でドレス姿の彼女が豚の血に染まる『キャリー』へのオマージュにも見える。

劇中、ピンキーが見せるふしぎなビールの飲みかたがある。ミリーに誘われ、やってきた砂漠のなかの酒場（ウィリー夫婦がオーナーの店）で、頼んだビールに突如カウンターにあった塩を思いっきりふりかける。するとぶくぶくと立った泡がグラスから溢れかえり、ピンキーはそれを嬉しそうにすすりあげる。これとまったく同じビールの飲みかたをしていたのは、『マジェスティック』（リチャード・フライシャー監督、一九七四年）のチャールズ・ブロンソン。こちらの映画もテキサスが舞台で、ブロンソンが演じたのはスイカ農園を経営する男。とすると、ビールに塩を入れる飲みかたはいかにもテキサス出身者らしい振る舞いということなのかもしれない。しかしピンキーのビールの飲みかたを、隣にいるミリーは嫌悪感に満ちた目で睨みつける。いつも最新の雑誌をチェックし、流行りの服やインテリア、都会的な身のこなしを取り入れようと必死なミリーも、実はもともとテキサス出身者。今や都会の女になりきっていると信じるミリーにとって、ピンキーのビールの飲みかたはあまりに子どもっぽく田舎者すぎるのだ。

ピンキーの無邪気さがビールの飲みかたからうかがえるように、ミリーという女のプライドの高さもまた、彼女がどんなふうにものを飲み食いするかによって表される。ランチの時間になると、彼女はリハビリセンターの食堂ではなく併設する病院の食堂にわざわざ出向き、高いお金を払ってまでインターンや医師たちと食事をする。その行動は、どうにかいい条件の男を捕まえたいという野心ゆえ。ただし、自分の空虚なおしゃべりが彼らを辟易させていることには気づかない。「料理で男の胃袋をつかまなきゃ」と一昔前のCMコピーのような文言をくりかえすミリーは、料理上手を自負し、ホームパーティーをする際には、はりきってたくさんのオードブルを用意する。でもその内容は、生クリームをスプレーしたチョコパイやクラッカーに載せたチーズなど、どれも雑誌の広告ページで見かけたような陳腐なものばかり。それでもピンキーは、ミリーのつくるものにいちいち感嘆し、あなたは都会的だ、こんなすてきな料理を見たのは初めてだとほめそやす。

歪《いびつ》なふたりの女の関係は、ある夜を機に一変する。ミリーがウィリーの夫を部屋に連れ込んだことにショックを受けたピンキーが、アパートのプールに飛び込み意識不明の重体に陥ったのだ。数日後、ピンキーはどうにか昏睡状態から目覚め元気を取り戻すが、ミリーはある異変に気づく。タバコを吸い、ビールを次々に飲んで派手な服で男たちと戯れるピンキーは、以前のシャイで野暮ったい彼女とは別人のよう。しかもピンキーは、ミリーの衣服や部屋を勝手に使い、彼女が狙っていた男たちに次々誘いをかける。もうミリーがつくった料理を嬉しそうに食べたりしない。ビールに塩を入れることもない。その姿は、まるでミリーが目指していた女そのものだ。こうしてミリーは、ピンキーに自らを乗っ取られていくような恐怖を感じはじめる。そしてウィリーが産気づいた夜、三人の女たちの運命はさらに大きな変化を遂げる。

三人の女たちの絡み合いから、やがて人格の乗っ取りへと進んでいくこの映画は、アルトマン自身が見た夢をモチーフにし、イングマール・ベルイマン監督の『仮面／ペルソナ』（一九六六年）からもインスピレーションを受けたのだという。不気味な変化を遂げていく女たちは怪物のようだが、そもそも彼女たちを特徴づけていたものとは何だったのか。身に着ける衣服や、化粧の仕方、髪型や口調、そしてどんなふうにものを食べ酒を飲むかによって、女たちは「こういう女性だ」と決めつけられる。つまりそれらを入れ替えれば、女たちは簡単に自分自身を交換できてしまうというわけだ。

女たちは、社会のなかでいつも勝手に名づけられ、役割をこなすことを求められる。誰かの娘であること。妻であること。母であること。あるいは男たちが求める若く美しい女であること。献身的に尽くす使用人であること。その役割や名前が簡単に交換可能なのだとしたら、ミリーとピンキーが入れ替わろうと、ウィリーの位置にミリーがおさまろうとどうということはない。その残酷な事実に気づいたとたん、背筋がヒヤリとする。

『三人の女』は、不条理さに満ちた恐ろしい映画だ。泡立ったビールのように、女たちは次々に姿を変えては、また同じような姿となってグラスから溢れ出す。

ビールを飲む男たち

『グラン・トリノ』（二〇〇八年、アメリカ）
監督：クリント・イーストウッド
出演：クリント・イーストウッド、ビー・ヴァン 他

酒場が出てくる映画にビールが登場しないものはほとんどない。ただし、その登場頻度に比べて、実はビールはさほど物語やドラマと密接に関連しない。登場人物が大事な局面で手にするのはウイスキーやブランデーのような強い酒だし、ロマンティックな雰囲気を出すなら断然ワイン。会話をスムーズに促すのは日本酒か。どちらかといえば、ビールはじっくり味わうというより、喉の渇きを癒したり、大人

数で次々にグラスを空けていくスピードの心地よさが目立つ酒だ。

男たちが美味しそうにビールを飲む映画はたくさんある。『野良犬』（黒澤明監督、一九四九年）で、夏の暑いなか一日中聞き込みで歩き回った刑事ふたりが、やっと家に帰り乾杯する配給のビール［293頁］。『ショーシャンクの空に』（フランク・ダラボン監督、一九九四年）でティム・ロビンスらが刑務所の屋上で飲むビール。赤ん坊を抱えたならず者三人の逃亡劇『三人の名付親』（ジョン・フォード監督、一九四八年）で、砂漠を彷徨い歩いたすえにたどり着く酒場でのビールは、見ているだけで喉が鳴りそうだ。

もちろん女だってビールを飲むけれど、友人同士の馬鹿騒ぎとビールといえばむさ苦しい男たちが妙に似合う。逆にいえば、ビール＝男たちという構図が巷に溢れているからこそ、映画のなかで生ビールや瓶ビールをぐいっと飲み干す女を発見すると嬉しくなるのかもしれない。それほど、次々にグラスを空け笑い転げる男たちは映画の定番だ。とはいえ、その高揚感が一転してどうしようもない空虚さに変わることもある。ベトナム戦争を題材にしたマイケル・チミノ監督の『ディア・ハンター』（一九七八年）では、ロバート・デ・ニーロやクリストファー・ウォーケンが演じる気の合う仲間たちが、馴染みのバーや仲間の結婚式でビールを飲みまくり、野卑な笑い声をあげる。だが彼らがベトナム戦争へ徴兵されたことですべてが変わる。

ラストで友人たちは再びバーに集いビールで乾杯をする。けれどかつて同じく乾杯をした男のひとりはもうそこにはいない。

もうひとつ、戦争で傷ついた男が飲むビールがある。実在したスナイパー、クリス・カイル（ブラッドリー・クーパー）を主人公にした、クリント・イーストウッド監督の『アメリカン・スナイパー』（二〇一四年）。激しい戦闘シーンが続くなか、突如どこかのビアバーのカウンターでクリスがひとりビールを飲むシーンに切り替わる。やがて妻からの電話によって、彼が四度目のイラク派兵から戻ったばかりで、にもかかわらず、家族に連絡もせずひとり酒場にいたことが判明する。「なぜそんなところでビールを？」と不審げに尋ねる妻に、夫は「帰る前に、少し時間が必要なんだ」と答えるだけ。彼の前には、泡の消えたビールがぽつりと置かれていた。

最初の一杯は最高に美味しいのに、杯を重ねすぎると、ビールはやがて単なる苦いだけの飲み物に変わってしまう。クリスのように虚ろな目をした者たちが飲むのは、たいていまずそうなビールで、そんな男たちについ目を奪われる。もう元には戻れないところへ来てしまった者たちの抱えるどうしようもない空虚さが、泡の消えたビールのなかに滲み出して見えるのだ。酔いたいのでもなく、喉を潤したいのでもなく、ただひたすらビールを飲みたい夜が、きっとある。

イーストウッドの映画はどれもお酒の演出がうまい。『グラン・トリノ』で監督自ら演じた頑固な老人ウォルトは、デトロイトの車工場に長年勤めたものの、妻を亡くし、息子たちとは不和状態。引退後の唯一の楽しみは、愛車グラン・トリノを眺めながらテラスで缶ビールを飲むこと。アメリカの偏屈爺には安物のパブスト・ブルーリボンがよく似合う。いつも周囲のアジア系移民を毒づいてばかりの彼だが、ふとしたきっかけで隣家のモン族の少年（ビー・ヴァン）と親しくなる。隣家のパーティーに呼ばれたウォルトが飲むのは青島ビール。最初は文句を言っていたものの、安ビール好きの頑固親父はどうやらその味が気に入ったらしく、山盛りの春巻きと一緒に次々と腹に流し込む。彼ら一家とウォルトは徐々に擬似家族のような関係を築いていく。

そんな彼らに突然襲いかかる悲惨な事件。その夜、部屋でひとりビールを飲む彼を教区の若い神父が訪ねる。以前、バーで会ったときには、ウォルトはウイスキーとチェイサーのビールを飲み、神父は自分は酒は飲まないからと丁重に断っていたはずだ。だがこの日ばかりは、神父もビールに手を伸ばす。飲まなければとても耐えられない夜。ウイスキーのような強い酒を選ばないのは、酩酊することを自分に許さないからか。ふたりが静かに飲むビールに、それぞれの立場と決意が垣間見える。

ところで、缶ビールか瓶ビール、あるいはジョッキやグラスで飲む生ビールと、飲む場所によって形態がいろいろ変化するのがビールのおもしろさでもある。缶や瓶の場合、国や時代によって違うラベルや銘柄を見比べるのがまた楽しい。ウォン・カーウァイ監督の『ブエノスアイレス』(一九九七年)で、恋人との関係に悩むトニー・レオンが次々にテーブルに積み上げていく空き瓶を見てアルゼンチンのキルメス・ビールの存在を知ったのは、私だけではないはず。

ポーランドの映画作家イエジー・スコリモフスキがイギリスで製作した『ムーンライティング』(一九八二年)では、他では見たことのない缶ビールが登場する。観光ビザでロンドンへやってきた四人のポーランド人たちは、家の修復工事という〝不法労働〟に勤しむが、その間に祖国で戒厳令が施行される。唯一英語が話せるリーダーのノヴァクは、仲間たちにこの大事件を隠したまま〝不法労働〟を遂行しようとするが、時間的にも金銭的にも追い詰められていく。緊迫した状況下で労働と金策にふける彼らの姿は、深刻であればあるほどどこか滑稽だ。印象的なのが、彼らが飲む缶ビール。大きなトマト缶のようなビール缶(プルトップ式ではない)に鑿《のみ》で穴を開け、コップに注いで乾杯する四人。そういえばフリッツ・ラング監督の『復讐は俺に任せろ』でも大きな缶ビールを缶切りで開けていたが、こちらは一九五三年の映画。八〇年代のロンドンでこのタイプのビールはどれだけ流通していたのか？巨大な缶ビールが気になってしかたない。

ビールそのものが「悪」の手段として主役に躍り出た映画もある。『つばさ』（一九二七年）などで知られるウィリアム・A・ウェルマンが監督した、ギャング映画の先駆け的作品『民衆の敵』（一九三一年）。ジェームズ・キャグニー演じるチンピラのトムは、タフで冷徹な悪党。女相手にも決して気を許さない彼だが、幼なじみで相棒のマットの前では子どものように無防備で、その落差が悲しい。

禁酒法時代におけるギャングの仕事といえば酒の密造・密売。コソ泥から名をあげたトムとマットも、ビールの密造で大儲けする。当然同業者との争いは熾烈《しれつ》で、別のビールを置く酒場があればすぐさま脅しをかけるのがトムの仕事。サーバーの蛇口を次々開けて店をビールまみれにするさまは、非道だが可笑しくもある。軍から戻った兄を労う宴では、テーブルにビール樽をどすんと置き「好きなだけ飲めよ」と誇らしげ。だが兄にとってそれは堕落の象徴でしかない。

出世と凋落は同時にやってくる。上り詰めたと思った瞬間、下り坂になる。チンピラふたりを見つめる視線はどこまでも冷ややか。白黒の画面から、ビールの泡と血がじわり溢れ出る。

追い詰められた者たちには日本酒がよく似合う

『人情紙風船』（一九三七年、日本）

監督：山中貞雄
出演：中村翫右衛門、河原崎長十郎 他

映画のなかの日本酒といえば、まず時代劇が思い浮かぶ。なんといっても外せないのは、山中貞雄監督の映画。二八歳の若さで戦病死した山中貞雄の映画は現在三本しか完成品が残されていないが、そのどれもが酒の魅力に溢れている。『丹下《たんげ》左《さ》

膳餘話　百萬両の壺(一九三五年)では、主役を演じる大河内傳次郎がいかにも楽しそうに酒を飲み、『河内山宗俊《こうちやまそうしゅん》』（一九三六年）では、ダメ男たちがイカサマ博打で稼いだ金を酒場で使い果たす。江戸時代は居酒屋の黎明期。最初は樽から酒を売る酒屋しかなかったのが、その場で飲みたい客が増えたことで、椅子や机を置いた居酒屋へと発展したらしい。黎明期ならではの活気のせいか、時代劇のなかで江戸の居酒屋風景を見るのはそれだけで楽しく、何より、陽気に酔いどれる男たちのふしぎな魅力にいつもやられてしまう。山中ではないが、『決闘高田の馬場』（稲垣浩・マキノ正博監督、一九三七年）でも、すっかり酔いどれ侍に成り下がった長屋暮らしの安兵衛が、毎晩居酒屋に行っては樽から升でぐびぐび酒を飲み、千鳥足で帰っていく姿が描かれていた。

同じ山中貞雄の映画でも、『人情紙風船』では、酒を飲むことが悲痛な結果をもたらしてしまう。江戸時代、貧乏長屋に住む個性豊かな人々の日常を描いた時代劇。中心となるのは貧乏浪人の海野又十郎（河原崎長十郎）と、髪結いの新三（中村翫右衛門）。なかなか職を得られず内職に勤しむ又十郎だが、妻は武士としての誇りを一番に考えている。そんななか、お調子者でヤクザに目をつけられた新三の悪巧みが、ある悲劇をもたらす。

前半と後半、ふたつの場面で印象的な酒宴が催される。一度目は、首つりをした長屋の住人の通夜で振る舞われる酒。新三たちは大家の金をせしめて酒を飲みまくるが、真面目な又十郎は頑なに酒宴に参加しない。だが新三が思いがけず得た金で開かれる二度目の酒宴では、又十郎も気持ちが軽くなり、みなと一緒に酒を飲む。千鳥足で気持ちよく帰宅した又十郎は、妻がどんな顔で自分を眺めているのかまったく気づかない。そして寝転がる夫の後ろで、妻は懐から何かを取り出す。その恐ろしいほどに静かな瞬間は、一度見たら忘れられない。酒はいつだって、死の気配とともにやってくる。

死の気配と密接に結びついた酒なら、殺陣《たて》シーンにおける日本酒の描写も忘れてはいけない。『血槍富士』（内田吐夢監督、一九五五年）での、槍を振り回し、酒樽から噴き出す酒と泥にまみれて闘うシーンは有名だが、『用心棒』（黒澤明監督、一九六一年）で樽から噴き出す酒も強烈だ。火に包まれた屋敷と対比されるように、造酒屋の大樽から大量の酒が放出され、勢いよく人々に襲いかかる。白黒映画だと、流れる酒が真っ赤な血のようにも見えるから不思議だ。

死の気配を漂わせる酒だからこそ、命を懸けた約束を交わすときに、人は日本酒を飲みたがる。もっとも顕著な例が、任侠もの映画における「親子／兄弟の盃」。

渡世人たちが小さな盃でぐいと飲み干すのは決まって日本酒で、男と女の契りもまた日本酒によって結ばれる。重い意味を背負った日本酒が誰より似合うのは、無口で不器用な男の代名詞、健さん。渡世の義理に縛られる男たちの情を描いた「昭和残侠伝」シリーズの『昭和残侠伝　死んで貰います』(マキノ雅弘監督、一九七〇年)では、老舗の料亭のひとり息子だが今や渡世人に落ちた男(高倉健)が、雪の夜に芸者見習いの少女(藤純子)と出会う。傷ついた自分になけなしの酒を与えてくれた少女のことを、男は決して忘れない。やがて傷害事件を起こし服役した男は、出所後、芸者になった女と再会。堅気に戻ろうと実家の料亭で板前修業を始めるが、ある日、自分がかつて賭場でイカサマを見抜いた相手が店にやってくる。酒を注げ、とお猪口をぐいっと差し出す手の甲には、男がつけた刀傷の跡。「この傷があるかぎりお前を忘れないぞ」とすごまれるも、男はぐっと堪える。俺はもう昔の俺じゃないんだと。だが渡世の義理はどこまでも追いかけてくる。果たして、酒がつないだ男と女の縁の行き着く先とは。

一九六〇年代に人気を博した東映の任侠映画では渡世人が飲むのは決まって日本酒だったが、おもしろいことに、現代に近づくにつれはみ出し者や荒くれ者たちが飲む酒も変わってくる。一九七三年からスタートした『仁義なき戦い』シリーズでヤクザものたちが飲むのはたいてい瓶ビールやウイスキー。もちろん親子（あるいは兄弟）の盃には日本酒が欠かせないものの、普段の生活では、組の幹部たちはウイスキーやバーボンといった高級な洋酒を好み、血の気の多い下っ端たちはビールや焼酎をコップに注いで飲む。仁義が通じなくなった世界では、日本酒のようなしっとりとした酒は流行らないのだろうか？　それとも、日本酒を失ったことで仁義も消え失せたのか？

日本酒が誰より似合うのは恋人たちだ。ただし似合うのは幸せなふたりではなく、行く先を失った恋人たちのほう。旅館や座敷で日本酒を飲んでいるふたりがいたら、この先不幸しか待ち受けていないような気がしてしまう。『浮雲』（成瀬巳喜男監督、一九五五年）の高峰秀子と森雅之は、会うとひたすら日本酒を飲みつづける。最初に東京で再会した際も、ふらりと旅館に入った彼らは、最初はお茶を飲んでいたはずが、気づけば空になったラーメンどんぶりの横で酒を飲んでいる。薄暗い部屋で泣きながら酒を飲む女は、この先どんどん酒浸りとなり、それでも男から離れられない。

同じくダメ男から離れられない女といえば、『秋津温泉』（吉田喜重監督、一九六二年）の岡田茉莉子。岡田茉莉子は『浮雲』で森雅之とただならぬ仲になる温泉旅館の若妻を演じていたが、『秋津温泉』では、長門裕之と長年関係を続けるさびれた温泉宿の女将。年月と共にだんだんと惚けたような顔になっていく彼女もまた、男の前でぼんやりと酒を飲んでいた。こういうときに飲むのはやっぱり冷酒より燗酒。

日本酒が喚起する、どこかエロチックで重たいイメージはどこから来るのだろう。味自体はむしろ甘くて飲みやすいし、焼酎やウイスキーのような強さもない。でもだからこそ、小さな杯で延々と飲みつづけ、気づけば意識が飛んでしまう。最初はたいした気負いもなく始めた恋愛関係が、一カ月、一年、数十年と続いていき、気づけばもう逃げられないところにまで追い込まれる。そんな空恐ろしい何かが、日本酒の奥の深さとつながるのかもしれない。

性交中に愛人を殺し、その性器を切り取った衝撃的な阿部定《あべさだ》事件をモチーフにした『愛のコリーダ』（大島渚監督、一九七六年）は、その過激さゆえに日本では長らく完全版の上映が叶わなかった映画だ（二〇〇〇年に完全ノーカット版が公開された）。映像はたしかに過激だが、彼らの行動を促すのはあまりに純粋な欲望で、その色彩の豊かさや、藤竜也、松田英子の真摯な演技にうっとりと酔いしれてしまう。

この映画に登場する徳利《とっくり》の形にもぜひ注目してほしい。色鮮やかな画面にあわせ、さまざまな色と形をした徳利が登場し、目を楽しませてくれる。待合旅館の部屋に

籠りただひたすら睦み合う定と吉蔵。一瞬でも離れたくない。永遠につながってい
たい。愛とエロスにとりつかれた彼らは、まさに「定吉二人キリ」の状態に向かっ
て突き進む。ふたりが閉じこもる旅館の部屋の扉が開かれるのは、女中が酒を持っ
てくるときだけ。この酒の場面がおもしろい。最初こそ、定と吉蔵は店が呼んでく
れた芸妓たちと一緒に食事を楽しんでいるのだが、次第に訪ねてくる者が減ってい
く。ふたりは人が見ている前でもおかまいなしにつながりあううえに、食事もせず、
風呂にも入らず、どんどん部屋が汚れて臭くなっていくからだ。次第に芸妓が寄り
付かなくなり、よかれと思い部屋の汚さを指摘した女中は、定に折檻されるは犯さ
れるは、散々な目にあう。これはまずいと女将が部屋を片付ければ、今度は定が怒
り狂う。このままふたりでどこまでも汚れきっていきたかったのにと。

ぐしゃぐしゃになった布団の横に空の徳利が溜まっていく様子が、ふたりの関係
の行き着く先を象徴している。どんどん痩せ細り仏のような笑みを浮かべる吉とは
反対に、定は徳利から日本酒をがぶがぶと飲み干していく。どれほど飲んでも渇き
が癒されないとでもいうように。果たしてふたりが溺れていくのは、酒か情欲か。

最後に紹介するのは、酒を生業とする人たちの映画。昭和初期の東京下町で酒屋を

営む一家を描いた、成瀬巳喜男《みきお》監督の初期作品『噂の娘』（一九三五年）。妻を亡くし、店を切り盛りしながら娘たちを育てる健吉（御橋公）。二人姉妹のうち姉の邦江（千葉早智子）は働きもので家族思いだが、妹の紀美子（梅園龍子）はまだ若いぶん、家のことをさほど気にせず、好き勝手に遊び歩いている。長い歴史を持つ酒屋だが、時代の波と、隠居した祖父（汐見洋）の浪費癖によって店は傾きつつある。邦江は自分の身をかけて家を守ろうとし、父もまたどうにか店を立て直そうと何やら酒に細工をしているらしいが、彼のおどおどとした様子が、はなから不吉さをかもし出す。

酒屋の経営状態と姉の結婚話が絡み合い、物語は不穏なままつき進む。最初から最後まで時代に取り残されたものたちの物悲しさを感じる映画だが、半面、昭和初期の酒屋の様子が見られるのは嬉しい。もともと酒は酒樽から量り売りをするのが通例で、明治後期から徐々に一升瓶で売られるようになったというが、この映画でも酒樽から量り売りで酒を販売する様子が映される。カウンターには、コップに注いだ酒を飲む〝角打ち〟を楽しむ人々の姿がある。「灘屋酒店」の看板が大写しになる映画の最後、店を襲った突然の出来事に呆然とする姉妹たちの顔が印象的だ。「なるようになっただけさ」とつぶやく酒好きの祖父と共に、彼女たちはこれからどう生きていくのだろう。

彼女は物語を背負わずに
酒を飲みつづける

『アル中女の肖像』（一九七九年、西ドイツ）

監督：ウルリケ・オッティンガー
出演：タベア・ブルーメンシャイン、ルッツェ

『アル中女の肖像』を見て、とにかくワクワクし、嬉しくなった。何より、女性の酒飲みが主人公であること、そして酒に酔った彼女が決して泣いたり嘆いたりしな

いことに驚いた。こんなふうに女性がただただ飲んだくれる姿を、ひたすら美しく、かつ堂々と描いた映画を初めて見た。

最近でこそ女性の酒飲みを扱った映画は増えてきたけれど、映画で描かれる酒飲みといえば、長らく男たちの専売特許だった。荒野のバーでウイスキーによって喉を潤すガンマンやカウボーイ。居酒屋に通い詰めてはぐでんぐでんに酔っぱらう浪人。盃を交わすことで契りを結ぶヤクザ者。命を懸けた戦いの前にブランデーやコニャックをぐびりと飲むギャング。缶ビールを大量に飲んでは馬鹿な振る舞いに興じる若者たち。アメリカの西部劇から日本の時代劇、ギャング映画やコメディ映画にいたるまで、酒のドラマはつねに男たちの物語として語られてきた。女たちの役目といえば、家でご飯を用意し酔った夫を介抱するしっかり者の妻か、彼らを接待し惑わせる酒場の女になるしかない。そんな酒の映画史にきっぱりと別れを告げ、ウルリケ・オッティンガー監督は、女たちによる女たちのための飲酒映画をつくりだした。

タベア・ブルーメンシャイン演じる「アル中女」こと「彼女」は、片道切符を購入し、ベルリンで飲酒観光に明け暮れようと決意する。煌《きら》びやかな衣装を着込み空港に降り立った「彼女」は、ベルリンの道端で出会ったホームレスの女性と意気投合、陽気な二人組は街中のバーをはしごし、コニャックやワインを飲みつづける。彼女たちの周囲には、同じくベルリンにやってきたばかりの女性三人組がうろついている。格子柄のスーツを着込んだ彼女たちは、「社会問題」「正確な統計」「良識」と名づけられ、酒をめぐる社会的見地をあれこれ語る。そうして最後、「アル中女」たちの醜態を尻目に、三人組はこう語りだす。社会は女性が酒を飲むことに不寛容だ。男性が酒を飲んで酔っぱらえば男らしいと称えられるが、女性が酒を飲んで醜態を晒すと、みっともない、ふしだらだと非難される。この社会には明らかなダブルスタンダードがはびこっている。

実際、映画史はこのダブルスタンダードによって成り立ってきた。酔っぱらう男たちを映した映画には、たとえばジョン・カサヴェテスの『ハズバンズ』（一九七〇年）がある。友人を亡くした男たち三人は、ひたすら酒を飲み醜態を晒しながら、女を引っかけ一夜を明かす。酔っぱらい、女たちを餌食にしなければ互いにつながり合えないホモソーシャルな関係の空虚さが、これでもかと画面に溢れだし、見ていて苦しくなる。でもカサヴェテスは必ずしも酔いを男だけのものに留めてはおかない。彼の映画には、いつだって酒を飲みまくる女性、ジーナ・ローランズがいる。『オープニング・ナイト』（一九七七年）で、ウイスキーを飲みまくり素晴らしい醜態を晒してみせたジーナ・ローランズが［115頁］。

けれど『ハズバンズ』で親友の三人が集団を形成し酒を飲むことで絆を深めるのに対し、『オープニング・ナイト』のジーナ・ローランズは、たったひとりで酒を飲み孤独を募らせる。『ミニー&モスコウィッツ』（一九七一年）での彼女は女の同僚と楽しく酒を酌み交わすけれど、そのために彼女はジョン・カサヴェテス演じる恋人から激怒され恐ろしい勢いで殴られる。男の酒飲みは祝福され、せいぜい呆れられる程度。一方女の酒飲みはつねに孤独で悲しい存在で、酒を飲むことによって男に罰せられる。ここに、男と女の酒の飲みかたの描写の大きな違いがある。

『アル中女の肖像』が私の心を躍らせたのは、「アル中女」＝「彼女」が、孤独や悲しさ、惨めさをいっさい感じさせず、「なぜ酒を飲むのか」という物語を背負わないからだ。ただ飲むと決めたから飲む。その決意だけが彼女の行動を貫く信念であり、陰惨で悲しい物語が入り込む隙はない。その潔さに、私はただただ感動した。

もちろん『バーフライ』（バーベット・シュローダー監督、一九八七年）のように、やはり飲むと決めたから飲む、という信念に導かれた恋人たちの映画もある［8頁］。けれど、飲むことの快楽を徹底的に引き受けるミッキー・ロークに対し、その相棒となるフェイ・ダナウェイは、「悲しみの女王」と呼ばれ、悲痛さを漂わせた酒飲みの女性として描かれる。ひとりで酒に溺れる女性は、どうしても悲しみから逃れられない。まして歳を重ねていけばいくほど、飲むに至るまでの物語を否応なく背負わされる。

だから『アル中女の肖像』は革命なのだ。「彼女」は決して感情を表さず、ただ黙々と酒を飲みつづけ、酒場に行っても男たちとはいっさい絡まない。唯一心を許すのはホームレスの女性だけ。しかし一度だけ、典型的な物語に回収されそうになる。相棒の女性がバーで男に酒を奢られ、そのまま店を連れ出される場面だ。「彼女」は、その場面に立ち会いながらもいっさい彼らを見ようともしない。彫像のように背筋を伸ばし、たったひとりで酒を飲みつづける。やがて男と別れホテルに戻ってきた相棒を、「彼女」はナイフで牽制するが、「マダム、マダム、私よ」という声にほだされ、再びコンビを結成する。男たちのドラマに参加する必要はない。私たちは私たちだけで、女の飲酒映画をつくるのだ。

何度も耳を貫くのは、アル中女が投げつけるグラスの音。勢いよくグラスが割れる凶暴な音が鳴り響くたび、思わず身が固くなる。酒の入ったグラスが割れるのは、たいてい乱闘の始まりの合図だから。ガンマンがバーの床にグラスを叩きつけるのは決闘の合図であり、酔った男がバーカウンターに並んだグラスを破壊するのは喧嘩の幕開けだ。ところが、『アル中女の肖像』ではどれほどグラスが割れようが喧嘩や決闘は始まらない。「彼女」がグラスを割るのは別れの合図。ガシャン！と鳴り響く音とともに、「彼女」は颯爽と店を立ち去り、場面が切り替わる。喧嘩という名目で他人と馴れ合うつもりはない、私はただ酒を飲むために店に来たのだと言わんばかりに、「彼女」はグラスを割りつづける。

グラスの割れる音と共鳴するのは、映画の最初と最後に鳴り響く足音。冒頭、素晴らしく高いハイヒールで階段を上り片道切符を購入した「彼女」は、最後はガラスの床を破壊しながらどこまでも歩いていく。そういえば、F・W・ファスビンダー監督の『ペトラ・フォン・カントの苦い涙』(一九七二年)でも、同じように強烈な破壊音が鳴り響いていた。何度も酒の入ったグラスを壁に投げつけ、割れたグラスをハイヒールで踏みつけていたのは、「アル中女」と同じように、過剰なほど煌びやかな衣装を着たマルギット・カルステンセン。親しい友人だったというファスビンダーのこの映画を、オッティンガーはどのように見ていたのだろう。

ハイヒールを履いた女性の脚が一歩一歩前進し、ゆっくりと遠ざかっていく。そのラストシーンは、マレーネ・ディートリッヒが主演した『モロッコ』(ジョセフ・フォン・

スタンバーグ監督、一九三〇年）のラストシーンを彷彿とさせる。モロッコの酒場で働く歌手ディートリッヒは、女ったらしの兵士ゲーリー・クーパーと恋に落ちるが、いくつものすれ違いがふたりを遠ざける。最後、ゲーリー・クーパーは次の戦地に向かうため、砂漠のなかを行進していく。それを見たディートリッヒは、プライドも地位も捨て彼についていくことを決意する。ハイヒールで砂漠のなかを歩き進む彼女の脚を、カメラはローアングルでじっと追いつづける。そうして最後、彼女は履いていたハイヒールを脱ぎ捨てる。砂漠では歩きづらいから、というもっともらしい理由はある。だがその真意は「私はすべてを捨てて彼への愛を選ぶ。身ひとつで彼についていこう」。女が靴を脱ぎ裸足になるとは、つまりそういうことだ。

「アル中女」は、どれほど酔っぱらい倒れこみながらも、絶対にハイヒールを脱ぐことはない。ヒールでガラスの床を破壊しながら、どこまでも歩きつづける。誰かのためにハイヒールを脱いだりしない。酒を飲むか飲まぬかは自分が決める。たとえヒールを履くことで自分の脚を傷つけようが、酒を飲むことで体を破壊しようがかまわない。すべては自分の意志で決めてみせる。

決して依存症という病を扱った映画ではないし、酒に苦しむ顔をいっさい見せることはないけれど、『アル中女の肖像』は明らかに自己破壊の話だ。過度な飲酒は

「彼女」をたしかに壊していく。けれど自己破壊という選択肢を含め、すべての決定権は私にある、誰にもそれを邪魔させない、という宣言こそ、あのラストシーンの歩行なのだ。酒を飲む女が背負わされてきた悲しく惨めな物語や感情を徹底的に排除し、それまでの女性の表象にアンチテーゼをつきつける。これほど力強い女性映画は見たことがない。

ところで「アル中女」がベルリンにやってきたのは「飲酒観光」をするためだったわけだが、果たして彼女がしたのは本当に観光だったのだろうか。たしかに壁崩壊前の荒廃したベルリンの街を歩きまわり、酒場やバー、カジノ、レズビアンバーをめぐるツアーをしてはいるが、その間も彼女はたびたび労働に従事する。現実と夢とが入り混じるなか、カー・スタントマンとして火のなかに飛び込み、秘書の真似事をし、サーカスの綱渡りを披露する。そしてそのたび飲酒によって失敗し叱られる。観光しにきたというより、まるで労働をしにベルリンにやってきたかのようだ。けれど考えてみれば、いろんな場所へ行き、その場にふさわしい衣装に着替え、決められた手順やルールに身を委ねるのは、労働も観光も同じこと。やはりこれは正しい「飲酒観光」なのだ。

酒を片手に、女たちはしゃべりつづける

『セックス・アンド・ザ・シティ』（二〇〇八年、アメリカ）

監督：マイケル・パトリック・キング

出演：サラ・ジェシカ・パーカー、キム・キャトラル、クリスティン・デイヴィス、シンシア・ニクソン 他

映画のなかで、女たちがおしゃべりをし、笑い転げる姿を見るのがたまらなく好きだ。大声で笑い、たわいのない話や愚痴、人の悪口なんかを言い合い、ちょっと下品な話もあけすけに語り合う。なかでも酒を片手にくりひろげられるおしゃべり

は、ときに奇妙な熱気を帯び、私を陶酔させる。

そんな女たちの酒と語らいの場を見るなら、どんな映画がいいだろう。パッと頭に浮かぶのは、小津安二郎監督の『お茶漬の味』(一九五二年)。小津映画の飲酒場面といえば男性が主役のことが多いが、さすが生涯を通して酒を楽しむ人々を描きつづけた監督だけあり、倦怠期の中年夫婦を主人公にしたこの映画では、女性たちの酒とおしゃべりの時間をしっかりと描いている。裕福な家庭で育ち、活発で派手なことが大好きな妙子(木暮実千代)は、仕事人間で無口な夫の茂吉(佐分利信)との生活に退屈さを感じ、いつも女友だちに不満をぼやいている。やがて姪の節子(津島恵子)の見合い話を機に、妙子と茂吉は自分たちの結婚生活を振り返り、幸福とは、夫婦とは何かを問い直す。

妙子と茂吉夫婦の間に断絶があることは、最初からはっきりしている。ふたりの話すスピードとテンポは、あまりにも違いすぎる。口数が少なくのろのろとしゃべる「鈍感さん」こと茂吉に対し、妙子は言いたいことをはっきりと言い、会話のテンポもスムーズだ。夫との会話に満足できない反動なのか、妙子はいつも女友だちとの気のおけないおしゃべりを楽しんでいる。仲のいいアヤ(淡島千景)とお茶をしながらしゃべり合ったり、野球場で互いの夫の悪口を言い合ったり。それだけでは飽き足らず、妙子とアヤは、ある日女友だちと温泉宿に遊びに行く。すでに温泉を堪能したのか、早々に浴衣に着替えた女たちは熱燗を次々に頼み、思う存分おしゃべりに興じる。その姿はまるで女学生のように生き生きして見える。

女性たち、それも主婦である女性がこんなふうに大っぴらに酒を楽しむのは、小津映画のなかでもめずらしい光景だ。会社帰りに馴染みの居酒屋で一杯ひっかけたり、バーで旧友とウイスキーを嗜んだり、同窓会と称してぐでんぐでんになるまで飲み明かす男たちの姿はあっても、酒を酌み交わす女たちが登場することは決して多くない。あるとしても、せいぜい食事と一緒に飲むビール一本くらい（『秋日和』一九六〇年）。だからこそ、宿の部屋で酔っぱらうまで熱燗を楽しむ妙子たちの姿に清々しさを感じてしまう。ただし、彼女たちもまた自由なわけではない。好き勝手をしているかに見える妙子も、夫に対しては、温泉旅行は病気の友人を見舞うためだと嘘をつく。主婦は家で夫の帰りを待つもの、とされていた時代に、女たちが自由に飲み歩くわけにはいかなかったのだ。何の言い訳の必要もなく女たちが酒を酌み交わすには、まだもう少し時間が必要だ。

時代を経ていくうちに、女性たちが居酒屋やバーに集まって酒を飲みながら語り合う機会はどんどん増えていく。なかでも特徴的なのは、八〇年代半ばから隆盛を見せていくハリウッド製ラブコメ映画。恋人と一緒に酒を飲むのはもちろん、恋の相談をする女友だちとの飲み会という場面が急激に増えていく。

ラブコメ映画には「主人公のおバカな友だち」というポジションが絶対に必要、というのは友人からの受け売りだけれど、たしかにジャンル映画としてのラブコメ映画では、主人公の親友という重要なポジションが必ず存在する。『恋人たちの予感』（ロブ・ライナー監督、一九八九年）で、メグ・ライアンと親友役のキャリー・フィッシャーが互いの恋事情を赤裸々に語り合っていたように［200頁］、主役の邪魔をすることなく、適度にコミカルな役回りを演じ、恋愛について的確なアドバイスをしてくれる女友だちがいなければ、主人公たちの恋は決して成就しないだろう。女友だちとのおしゃべりの時間、その口を滑らかにするのは、大きなジョッキに入ったビールや、次々に空いていくボトルワイン、そしておしゃれなレストランやバーで飲まれる色とりどりのカクテルだ。

お酒を飲みながら恋や仕事を語る女友だちの姿をひとつのエンタテインメントとして確立させたのは、やはり『セックス・アンド・ザ・シティ』だと思う。一九九八年からドラマ放映が始まり、映画版製作の後、二〇二一年から「新章」として続編の放映が始まったこの人気シリーズで、キャリー（サラ・ジェシカ・パーカー）とミランダ（シンシア・ニクソン）、サマンサ（キム・キャトラル）、シャーロット（クリスティン・デイヴィス）の四人は、いつもニューヨークのレストランやバーに集まり、ワインやカクテルを飲みながら恋愛談議をしていた。ディナーの場が朝食やランチの場になり、グラスがコーヒーカップに変わることはあっても、テーブルを囲んだ語らいの場は、いつだって喜びと躍動に満ちていた。恋愛の成就や破局が無数に描かれながらも、物語の真の原動力は、キスやセックスより、彼女たちの絶え間ないおしゃべりだった。

キャリーのもっともお気に入りのカクテルはコスモポリタン。ウォッカベースで、クランベリージュースとライムジュースでつくられたこの薄紅色のカクテルは、キャリー・ブラッドショーのトレードマークだ。ただし、シリーズが進むにつれて、この定番のカクテルが登場する機会はだんだんと減っていったように思う。再びコスモポリタンが主役に躍り出るのは、二〇〇八年につくられた映画版の最後の場面。キャリーの結婚、ミランダとスティーヴの和解、シャーロットの出産、サマンサの復活とそれぞれに大きな出来事を通過したあと、四人はレストランでサマンサの五〇歳の誕生日を祝う。全員がコスモポリタンの味に酔いしれるうち、ミランダはふと「私たち、昔はいつもこればかり飲んでたのに、どうして最近は飲んでなかったんだろう？」と疑問を口にする。キャリーの答えはこう。「今ではみんなが飲みはじめたから」。時代は変わる。四人はそれぞれに歳を重ね、悩みも、ファッションも、お酒のトレンドもまたそれに応じて変わっていく。でも彼女たちはきっとこれからも、大事な場面ではこのどこか懐かしく、最高に美味しい味のカクテルを飲みつづけるはずだ。

映画版『セックス・アンド・ザ・シティ2』（二〇一〇年）の最高のシーンも、やはりカクテルグラスとともに生まれた。旅行でアブダビを訪れた四人がそれぞれに恋や休息を楽しむなか、ミランダは、情緒不安定な様子のシャーロットに気づき、ふたりだけでバータイムを過ごそうとホテルのバーへと誘いだす。悩みがあるなら思いっきり吐露するように促しても、シャーロットは、ふたりの子どもに恵まれた自分に不満や悩みなんてあるはずがないとぎこちなく答えるばかり。でも目の前に置かれたカクテルを一口飲んだとたん、ぽろぽろと本音がこぼれだす。子どもを心から愛している一方で、終わりのない子育て地獄から抜け出したいと願ってしまうこと。そんな自分が恥ずかしくてたまらないこと。泣きながら訴えるシャーロットに、ミランダは、世の母親はみんな同じ、恥じることなんて何もないのだと断言する。酒を飲むスピードと会話のテンポが呼応し、彼女たちの距離はぐんぐん近づいていく。アラブ社会の描きかたをはじめ、本作の映画としての出来は必ずしも手放しで絶賛はできない。でもカクテルによってふたりの間に何かが生まれていくこの場面だけは、何度見ても泣きそうになる。

友情を育むための酒。それは何も高級で美味しい酒である必要はない。韓国から生まれた最高のガールズムービー『子猫をお願い』（チョン・ジェウン監督、二〇〇一年）では、同じ高校を卒業し、それぞれに社会のなかで居場所を探す女友だち五人が、たびたび酒宴を催す。誕生日祝いに訪れたクラブでは、大きなケーキを囲んで、スパークリングワインや瓶ビールを次々に空けていく。家飲みでは、特製のトッポッキと一緒に韓国焼酎やビールを楽しむ。高校時代の思い出を語り合い、馬鹿げたゲームに笑い転げる五人。でも彼女たちは気づいているはずだ。現在の自分たちの話になったとたん、弾んでいたはずの会話が微妙に空々しくなっていくことを。いつも一緒だった学生時代はもう過去のもの。それぞれの場所で歳を重ねていくなかで友情を維持するのは難しい。どれほど杯を重ねても、一度ヒビが入った関係はそう簡単には元に戻らない。

では、学生時代からの友人との飲み会はどんなふうにあるべきなのか。『ファースト・ワイフ・クラブ』（ヒュー・ウィルソン監督、一九九六年）はそのひとつの答えを見せてくれる。学生時代からの親友同士であるアニー（ダイアン・キートン）、エリース（ゴールディ・ホーン）、ブレンダ（ベット・ミドラー）の三人が、もうひとりの友人シンシアの死をきっかけに再会。夫の裏切りに絶望し死を選んだシンシアを偲びながら互いの近況を話すうち、実は彼女たちもまた、夫が若い女と浮気をし離婚危機にあることが判明する。男たちときたら、若いときには同世代の妻の世話をたっぷりと受けておきながら、歳をとり地位を得たとたん新しい女に鞍替えするやつばかり。こんな理不尽になぜ私たちが耐えなければいけないのか。夫への不満で一致団結した彼女たちは、「ザ・ファースト・ワイフ・クラブ」なるクラブを結成し、互いの夫に復讐を果たそうと誓い合う。クラブの発足の儀式に欠かせないのは、やはり酒。グラスに注がれたシャンパンに三人の結婚指輪を沈めれば、闘いの始まりだ。

立場の違いからときに喧嘩をしながらも、見事復讐を果たした三人は、あることに気づく。自分たちが本当にしたかったのは、裏切り者の夫を懲らしめるだけではない。女は男の所有物、だから妻は夫のためにひたすら尽くさなければならず、でも歳をとり夫に捨てられたら人生の終わり。そんな世間の風潮はおかしいと叫びたかったのだ。そのことに気づいた三人は、夫たちから勝ち取った慰謝料をもとに、女性の自立を促すための救済センターを設立する。センターに掲げられたのは、亡くなったシンシアの名前。時間とともに綻びかけた友情は、世の不平等に対する闘いを前に再びよみがえる。

新しい道を進みはじめた女たちは、センターの設立を祝い、レストランでシャンパンやワインをたっぷりと堪能する。そうして最後、三人は思い出の曲を歌い、踊り出す。歌うのは、レスリー・ゴアの「You Don't Own Me」。私を縛りつけようなんて無駄。私は誰のものにもならない。私はいつまでだって若くて自由。だからどこにだって行ける。私を所有できるのは私だけ。酔いどれ女たちは、夜の街をどこまでも闊歩していく。

生ぬるいビールと共に

『WANDA／ワンダ』（一九七〇年、アメリカ）

監督：バーバラ・ローデン
出演：バーバラ・ローデン、マイケル・ヒギンズ

女は背を屈めたまま、真っ黒な炭鉱地帯をとぼとぼと歩いていく。遥か遠くから捉えたその姿は白いシミのように頼りなく、今にも風景のなかに埋もれそうだ。美しさの欠片もない、無様とも言えるその歩行シーンになぜか惹きつけられる。

『WANDA／ワンダ』は、巨匠エリア・カザンの年の離れた妻としても知られた俳優バーバラ・ローデンが一九七〇年に監督・主演した。アメリカ本国では長年評

価されず、ローデンの長編監督作は結局これ一作のみで終わってしまった。だがケリー・ライカートを始め一部の映画作家たちから熱烈に愛され、近年再評価の熱が高まっている。私自身、映画のスチールを目にしたことがあるだけだったので、二〇二二年のリバイバル公開にあたり、初めて伝説の映画を見ることができた。

ローデン自ら演じるのは、金も家もなく街を彷徨う女ワンダ。炭鉱のなかの歩行場面がこの映画の行方を示していたように、ワンダはつねに徒歩での移動を続ける。そうしてどうにか生活の手段をつかもうとするが、その試みは毎回失敗する。夫に離婚を言い渡されたあと、まずは妹の家に転がり込むが、どうやら歓迎はされていないらしい。仕方なく家を出た彼女は、家庭裁判所での離婚調停に向かう。頭にカーラーをつけたまま遅れて現れた彼女は、「妻は主婦なのに家事も育児もまともにしなかった」という夫の主張に何ひとつ反論せず、離婚と子どもたちの親権放棄を受け入れる。続いて以前勤めていた縫製工場に出向き、賃金の支払いと再雇用を求めると、支払いを断られ、さらには「君みたいにノロマで使えない人は二度と雇わない」と上司から冷酷に宣告される。養ってくれる相手を失い自ら稼ぐ手段も手に入れられない。困り果てて立ち寄ったカフェでは、近くにいた中年男にビールを奢《おご》られ、酔った勢いでモーテルへしけこむが、終わったとたんに男はそそくさと逃げ出し、ワンダは路上に置き去りにされる。その後ひとりで映画館に入り疲れを癒すが、寝ているうちに有り金全部を盗まれる。

散々な目に遭った彼女は、夜の街を彷徨《さまよ》い、灯りのついたバーへ駆け込むが、そこでは中年男のデニス（マイケル・ヒギンズ）が店主を殴り倒し金を盗もうとしている真っ最中。そんな事態に気づかず、女は「ビール一杯くれない？」と呑気に頼む。デニスのことを店の人間だと思い込んでいるのだ。間違われたデニスのほうは、まさか自分は強盗なのだと言うわけにもいかず、慣れないビアサーバーに悪戦苦闘。ほとんど泡しかないビールを乱暴にカウンターに置くデニスとそれを飲むワンダ。こうしてふたりは、不味そうなビールによって出会ってしまう。

そもそも、ワンダはビールばかりを飲む人だ。カフェで男に奢られたビールに始まり、デニスと出会ったバーでのビール、その後デニスに連れられていったレストランでパスタと一緒に飲むビール。特別好きなわけではないだろうに、なぜか彼女はことあるごとにビールを飲む。そしてそのどれもが、いかにも生ぬるく、不味そうなのだ。喉が渇いたらとりあえずビール。そんな喉の癒しかたしか知らないのがワンダという女性であり、本当に美味しいビールには彼女はけっしてありつけない。

男に頼るしか能がなく、利用されては捨てられる、そんな人生を諦観し幼児めいた笑みを浮かべつづけるワンダ。一発逆転を狙うもすべてがうまくいかないデニス。社会の落伍者である男女が出会い逃避行が始まるも、爽快なバディムービーとは程遠い。彼らの間には力の不均衡があり、ワンダはここでも男の支配を受け入れるしかない。それでも女は微かな希望に縋《すが》ろうと懸命に走り転倒する。

デニスとの強盗計画に失敗したワンダは、またもひとりぼっちになる。デニスを愛していたわけではない。自分を愛してくれた人でもない。けれど彼女にとって、彼は初めて自分の価値を認めてくれた人だった。途方に暮れたまま入った店で、ワンダはまたも店内にいた男に言い寄られ、大量のビールを奢られる。頼んでもいないのに勝手にビールを奢る男などろくなやつじゃない。ここでも彼女は手酷い目に遭い、ようやく助けを求める声をあげる。だがその声は、けっして誰にも届かない。愚かな女の惨めな歩行と走行がまざまざと映し出される。その様子を見つめる視線は同情とも冷笑とも違う。ひとりの女がこんなにも惨めな生きかたを強いられる、その現実を画面に刻みつけようとする意志が、映画を貫いている。

最後、行き場のなくなった彼女は、大勢の人々で賑わうバーにぽつりと座り込む。賑やかな席で、たったひとり、虚ろな目で飲むビールは果たしてどんな味がしたのだろう。彼女は誰にも救われず、自分自身を救うこともできない。愚かな女が愚かなまま存在しつづけること。それをこんなにも公平に描いた映画が半世紀ほど前につくられていたことに感動する。これほど見事なビール映画は他にない。

日本酒の似合う女たち

『流れる』（一九五六年、日本）

監督：成瀬巳喜男
出演：田中絹代、山田五十鈴、高峰秀子 他

日本酒の似合う映画と言われて真っ先に浮かぶのは、成瀬巳喜男監督の『流れる』。変わりゆく時代のなかで、東京・柳橋界隈の花街にある芸者置屋で生きる女たちを描いた映画で、原作は幸田文の小説。美人だがどこか疲れた顔の女将・つた奴を山田五十鈴が、その娘で芸者仕事を嫌悪する勝代を高峰秀子が演じている。この置屋「つたの屋」に看板を置く、ベテランだが借金で首がまわらなくなりつつあ

る芸者の染香を杉村春子、ちゃきちゃきの芸者なな子を岡田茉莉子、新しく働きに来る女中の梨花／お春を田中絹代が演じ、さらにつた奴の妹役で中北千枝子、姉芸者役で栗島すみ子が出演、日本映画の名女優たちが一堂に会した豪華な女性映画だ。

芸者の女性たちは全編、ほぼ和装姿で登場する。座敷に出る前や大事な会合の前にいそいそと着物を着付ける姿とともに、普段の生活のなかで彼女たちがどんなふうに和装をするのかがうかがえるのが面白い。普段着の着物に寄った皺や着崩した浴衣の衿もと。そんなちょっとした緩みから、芸者の日常が見てとれる。

ちなみにこの映画がつくられた一九五六年は、『赤線地帯』（溝口健二監督）や、『洲崎パラダイス 赤信号』（川島雄三監督）というこれまたどこか荒んだ女性たちの映画が登場した年。また同年には石原裕次郎が『狂った果実』（中平康監督）で鮮烈なイメージを打ち出し、洋画ではジェームズ・ディーン主演の『理由なき反抗』（ニコラス・レイ監督）や『ジャイアンツ』（ジョージ・スティーヴンス監督）が公開されている。アメリカではエルヴィス・プレスリーが登場したことも忘れてはいけない。

そんな時代背景を考えると、『流れる』の置屋はまるで時代という波のなかに取り残された孤島のようにも見え、その寂《さび》れ感が映画全編に漂う。つた奴はひたすら金勘定に追われるが、金払いの悪さから若い芸者に逃げられ、さらにその叔父を名乗る人物から脅迫を受ける始末。一度は母と同じく芸者を目指したものの、性に合わず辞めてしまった娘の勝代は、ただひとり、先行きの暗い家の現状を冷静に見つめている。そうして母たちとは違う、男に頼らない自立した生きかたを模索するが、その試みが成功するかはわからない。

時代に取り残されながらも、置屋の芸者たちはみな、飄々と生きている。男に失望し、愚痴や泣き言を言いながら、何とかかんとか生きていく。その生きかたは、川の流れに身を任せているようにも、がっしりと川底にしがみついているようにも見える。映画の終わりかたに希望は見えないが、どうなろうと女たちはしぶとく生き残っていくだろう。そんな根拠のない確信がかすかに見える。

ところで、日本酒がもっとも似合う映画、と言いつつ実はこの映画には日本酒そのものはあまり出てこない。この置屋でいじめられた姪への慰謝料と未払いの給料を払えと脅迫してきた男を懐柔するため、寿司と酒を頼みぐでんぐでんに酔わせたり、なんとか示談がまとまったことを記念に昼から乾杯したりする姿が映る程度だ。それでもなぜか『流れる』には和服姿の女たちがわいわい飲んでいる印象がある。つねに宴席の話をし、酔っぱらった顔で帰ってくる彼女たちがあまりに楽しげに見えるからかもしれない。なかでも最高なのは、ある夜、久々の上客と出会い酔っぱらい上機嫌で歌い踊る染香役の杉村春子。普段なかなか座敷にお呼びがかからない彼女は、いつも安いコロッケで腹を満たし、他人の噂話や愚痴に精を出しているが、今夜ばかりはおおはしゃぎ。なな子と一緒に着物を脱ぎつつ踊りだす。「こんないい商売他にない。あ、そら、ジャジャンガジャン♪」。ただし数日後には男に裏切られ、今度は朝から酔っぱらうはめになるのだけれど。

同じ成瀬作品でも、『晩菊』(一九五四年)では、歳を重ねた女たちの酒宴がたっぷりと楽しめる。貧しい生活のなかで、いつも酒を楽しんでいるのは、元芸者で今は借金で首がまわらなくなったとみ(望月優子)。酒を買う金にも苦労しているはずなのに、こんなしけた生活飲まなきゃやってられないとばかりに、いつも酒を飲んだくれている。昔はよかったと馴染みの酒場で愚痴りながらのひとり飲み。昔の芸者仲間で仲の良い、たまえ(細川ちか子)との家飲み。ぐい呑みを出すのも面倒なのか、いつもの湯呑みで女ふたりがぶがぶ日本酒を飲むさまは、しけているのに妙に楽しい。一方、この映画で杉村春子が演じるのは、元同僚のとみたちに金を貸し、自分の財を蓄えている吝嗇家《りんしょくか》のきん。今は酒には手を出さず規則正しい生活を送っているが、数年ぶりに再会したかつての恋人(上原謙)に浮かれ、美味しそうなご飯と酒をたっぷりと用意する。だが久々のご馳走にかけた女の純情は、流れた年月を確かめるうち、徐々に虚しく冷めていく。『流れる』の貧乏芸者とはまた違う中年女性の悲哀を、杉村春子が見せてくれる。

ホン・サンス映画の人々はもう韓国焼酎を飲まない

『小説家の映画』(二〇二二年、韓国)
監督：ホン・サンス
出演：イ・ヘヨン、キム・ミニ

ホン・サンス監督と聞けば酒。そしてその映画で飲まれるのは、というより、次々に中身が空けられテーブルの上に並べられるのはあの緑色の瓶。登場人物たちは、とにかく韓国焼酎(ソジュ)を飲みつづける。ところがどうもここ数年、その好みが変わりつつあるようだ、という疑いについては先にも書いたとおりだが、ここにきてその思いは確信に変わった。『逃げた女』（二〇二〇年）では友人同士の食事のお供にワインが提供され［219頁］、『あなたの顔の前に』（二〇二一年）では中華料理と一緒に金色の蓋を持つ高粱酒（白酒）の空き瓶がずらりと並んでいた［20頁］。そして新作『小説家の映画』。ここで不思議な偶然から再会する人々が酌み交わすのは、大量のマッコリ。そういえば、『川沿いのホテル』（二〇一八年）でもマッコリが登場していたはず。

もちろん過去作でも、『次の朝は他人』（二〇一一年）でホッケと一緒に飲むマッコリのように、韓国焼酎以外の酒が飲まれることはあった［120頁］。それでもここ数作での急激な酒の変化は見逃せない。監督自身の好みの変化なのか。それとも、現在彼の協働者であるキム・ミニの好みか（実際、『小説家の映画』では、キム・ミニ演じるギルスが「好きなのはマッコリかワインです」と語っている）。どちらにせよ、酒の変化が映画そのものを変容させたのは間違いない。と断言したくなるほど、ここ数年、ホン・サンスの映画は変わりつつある。韓国焼酎を飲み、くだを巻いていた男たちが退場し、代わりに女たちがマッコリやワインを飲むようになった。これまで必須の要素だった「恋愛」が姿を消し、女性たちの「友情」が現れた。そうして男たちの泣き言や愚痴が、女たちの親密な会話に取って代わった。

とはいえ、恋愛の影は必ずしも消えてはいない。『逃げた女』では、キム・ミニがしばらく会っていない友人たちを訪ねるうち、彼女がかつて経験した過去の恋愛が浮かび上がる。『あなたの顔の前に』では、映画監督が俳優に自作への出演を請いながらいつの間にかそれがセックスの話に変わっていく。だが『小説家の映画』では、もはや恋愛は、ただ女の口から何気なく語られるだけだ。年上の著名な陶芸家と結婚した俳優。かつてある男性と一夜だけの関係を結んだ小説家。どちらもいかにもホン・サンスらしい恋愛関係でありながら、晴れ晴れとした顔の女によって語られる、過去の話でしかない。

そもそもホン・サンスが描く恋愛は、感情的なドラマからはつねにかけ離れていた。恋愛は、人々の複雑な力関係をあぶり出し、くりかえしのゲームを演じるための道具にすぎない。だからここ最近、彼の映画から恋愛という題材が退き、女性たちの友情や、仕事をめぐる協働関係が現れたとしても不思議はない。人々の出会いや別れ、そして再会や衝突を引き起こすきっかけは、恋愛でなくてもかまわないのだ。

こうして、恋愛をできるかぎり排除した新しいマッコリ映画＝『小説家の映画』が誕生する。ワイン映画＝『逃げた女』と、白酒映画＝『あなたの顔の前に』を牽引した俳優ふたり、キム・ミニとイ・ヘヨンが改めて邂逅し、協働関係を結ぶのだ。

ふたりにはある共通点がある。キム・ミニ演じる俳優のギルスは、結婚後、映画への出演を控えており、しばらく復帰の予定はないという。イ・ヘヨン演じるジュニも著名な小説家だが、最近はずっと作品を発表していない。そのキャラクター造形は以前のホン・サンスの映画にしばしば登場していた、スランプに陥った映画監督を思わせる。しかしふたりには、男たちが抱えていたナルシスティックな苦悩はまるで見当たらない。むしろ、作品をつくれないことを不本意で惨めな状態だと勝手に決めつける者に、正面から異議を唱えてみせる。古臭い物語におさまるつもりはない、私たちはもっと自由になるべきなのだ。郊外の街で偶然出会ったふたりの女は、またたくまに意気投合し、新たな試みを始めようと語り合う。

彼女たちは軽々と、快活に、これまでの「映画」とはまったく別の何かをつくりだす。それはホン・サンス自身の新たな挑戦でもあるのだろう。ただし、清々しく爽快なこの映画にも、ぬめりとした暗い影が見え隠れすることを忘れてはいけない。冒頭に響くある女性の怒鳴り声。もはや話にならないと立ち去る、また別の女性の苛立った顔。手を取り合う女たちもいれば、決裂する女たちの関係もある。恋愛が姿を消しても、ホン・サンスの映画から不穏な影は消えてなくならない。

ウイスキーとジーナ・ローランズ

『オープニング・ナイト』（一九七七年、アメリカ）

監督：ジョン・カサヴェテス
出演：ジーナ・ローランズ、ジョン・カサヴェテス

ジョン・カサヴェテスの映画ほどウイスキーが似合う映画はない。なかでもウイスキー映画の名にふさわしいのが『オープニング・ナイト』。カサヴェテスと酒といえば『ハズバンズ』（一九七〇年）のほうが有名かもしれない。でも、中年男たちが、

友人の葬儀のあとひたすら酒を飲み馬鹿騒ぎに明け暮れるより、孤独な女がひとりで延々とウイスキーを飲みつづける映画に、私はどうしても惹かれてしまう。女に課せられたその悲痛さを、しっかりと目に焼きつけたいと思うから。

『オープニング・ナイト』が描くのは、そろそろ中年と呼ばれそうな年にさしかかった有名女優が、芝居の初日を迎えるまでの数日間。ホテルのペントハウスに住み、大勢のファンから喝采を浴びるマートル・ゴードン（ジーナ・ローランズ）は、演出家マニー（ベン・ギャザラ）のもと、新しい芝居を準備中だ。そんなある日、劇場の外で痛ましい事故が起きる。マートルの出待ちをしていた一七歳の少女が、車に轢かれて死んでしまったのだ。熱狂的に自分への愛を叫んでいた少女の死に、マートルは動揺を隠せない。

この事故を機に、マートルは精神のバランスを少しずつ崩しはじめる。新しい芝居についても、うまく役をつかめずにいる。演じるのは、今までよりもずっと年上の孤独な女性。「あなたはもう若くないのだから、役の気持ちが理解できるはずだ」と諭す劇作家の女性の言葉が、マートルの心を逆撫でする。やがて彼女の前には、あの死んだ少女の姿が現れる。自分が失ってしまった若さを持った女。それは、マートルの頭に取り憑いた妄想なのか、それとも本物の幽霊なのか？

この役を理解できない、自分はまだ老け役を演じる年齢じゃない、と叫ぶ彼女を、演出家をはじめとする仕事仲間たちは不安げに、ときには苛立たしげに見つめている。マートルはどこまでも孤独だ。おそらくかつて彼女と恋愛関係にあったはずの演出家のマニーがささやく「君を誰より愛してる」という言葉も、今はむなしく響くだけ。舞台上で彼女の夫役を演じるモーリスは、「君はもう女じゃない、女優だ」と彼女を拒絶する。演じているのは、監督であり実生活ではジーナ・ローランズの夫でもあるジョン・カサヴェテス。マートルは、舞台の上で「愛」について語りつづけてきた。でもそんな彼女を本当に愛してくれる人、彼女の愛を受け止めてくれる人は誰もいない。

『オープニング・ナイト』は、同じくジーナ・ローランズが主演した『こわれゆく女』(一九七四年)の姉妹のような映画だ。何かが失われていくことを恐れ、孤独に傷つく女の姿を、カメラはその一瞬一瞬の変化を見逃すことなく映しつづける。彼女が次に何をするのか、笑うのか泣き喚くのか、何かとんでもないことをしでかすのか、私たちは固唾を飲んで見守るしかない。マートルは亡霊とどんなふうにケリをつけるのか、舞台は無事に上演されるのか、果たして幕は無事に下りるのか。

映画のなかで、ジーナ・ローランズはつねにウイスキーを飲みつづける。マートルという人はもともと芝居の合間にこっそりとウイスキーを飲むのを習わしとしていたようで、緊張をほぐすためか、舞台袖や楽屋で、スタッフから手渡されたウイスキーの小瓶をぐいっと何度も煽ってみせる。くわえ煙草でウイスキーを飲むジーナ・ローランズの美しさにくらくらする。

そんな彼女が、ホテルに帰ったあとで人目を気にすることなく飲み干すのは、ブレンデッドのスコッチウイスキー「J&B」。黄色いラベルに赤い文字で大きくJ&Bと記されたこの緑色の瓶（JINROの瓶がこれとよく似ている）は、赤を基調とした部屋によく馴染む。高級ウイスキーとは違ういい具合に安っぽい瓶を、優雅な物腰の彼女が片手でぞんざいに持ち歩き、ときにはラッパ飲みさえしてしまう。そのアンバランスさがまたいい。ちなみにこのJ&Bを気に入ってよく飲んでいたのは、『ママと娼婦』（ジャン・ユスターシュ監督、一九七三年）でフランソワーズ・ルブランが演じていたヴェロニカ。彼女はコーラとウイスキーを割って飲むのがお気に入りで、高級なウイスキーでも同じ飲みかたをしようとするので、ジャン＝ピエール・レオー演じるアレクサンドルから「コーラと割るならこっちにしろ」とあわててJ&Bを渡されていた。フランスとアメリカという違いはあるが、それくらい気軽さをまとった酒なのだろう。また『こわれゆく女』でジーナ・ローランズ演じる主婦がバーでオーダーするのは、ブレンデッドウイスキーのセブンクラウン（シーグラム）。こちらもアメリカの安酒場によく似合う酒だ。

舞台の打ち上げで出される祝いの酒ならシャンパンが定番だし、喉を大事にする役者にとって、度数の強いウイスキーをストレートで飲むのは避けたほうがよさそうだけれど、ジーナ・ローランズという人にはやっぱりウイスキーが一番似合う。クロースアップで捉えられる、彼女のピクピクと震える目元や唇。その震えを落ち着けるには、腹の底から体を温めるような、琥珀色の液体でなければいけないのだ。映画の最後、舞台袖でつぶやかれる言葉が最高だ。「こんなに酔っぱらって歩ける人を初めて見ました」。

酒場映画

『たそがれ酒場』
毎夜老若男女が集う都会の巨大酒場

内田吐夢監督
（1955年、日本）

ある夜、一軒の酒場で繰り広げられる群像劇。二階建てにピアノ弾きと歌手によるステージまで設けられた、巨大酒場のセットがとにかく見事。安酒を飲みながら政治談義を交わす学生たちから、人生に敗れ悲しみに沈む老人、そしてこれからの夢や恋に燃える若者まで、多種多様な酒とともに多種多様なドラマが幕を開ける。

『ニッポン無責任時代』
サラリーマンたちが歌い騒ぐ和製キャバレー

古沢憲吾監督
（1962年、日本）

高度経済成長期、日本一の〝無責任男〟が、口八丁で洋酒会社の社長にのし上がる。クレイジーキャッツの音楽と植木等のお調子者っぷりがとにかく楽しい和製ミュージカルだが、彼らが集うド派手なキャバレーも見もの。仕事終わりに生ジョッキで乾杯し歌って踊ってのどんちゃん騒ぎは、ニッポンの原風景。

『次の朝は他人』
マッコリとホッケとバッティングセンター

ホン・サンス監督
（2011年、韓国）

久々に訪れたソウルで、映画監督の男は旧友とマッコリを飲む。つまみは店の名物のホッケ。壁中に落書きが描かれたこの酒場にどうしても行きたくて、ソウルを旅行した際に真っ先に探し歩いた。バッティングセンターのすぐ裏にある店にようやくたどり着き、頼んだのはやっぱりマッコリとホッケだった。

『アトランティックス』
未来を求めて海へ出た、亡霊たちの集う浜辺のバー

マティ・ディオップ監督
（2019年、フランス他）

ここでは生きていけないと、ヨーロッパへの密航ボードに乗り込んだ男たち。荒れ狂う夜の海に飲まれ亡霊となった彼らが再びセネガルへ戻るとき、まっすぐに向かったのは、かつて女たちと夜を過ごした浜辺のバー。光と酒、音楽に満ちたそのバーで、男たちは喉を癒す。どこまでも悲しくロマンティックな亡霊譚。

第 2 章

りんごと映画の酔わせる関係

Chapter 2

Movies with bewitching apple scenes

酔い、それは必ずしも酒を飲むことだけを意味しない。
ある形態と色彩に酔いしれ恍惚に至ることもある。
禁断の果実と呼ばれるりんごのように。

悪い男たちは本当にりんごを齧るのか？

『アネット』（二〇二一年、フランス）
監督：レオス・カラックス
出演：アダム・ドライバー、マリオン・コティヤール

「MEL Magazine」というウェブマガジンでおもしろい記事を見つけた。タイトルは、「Why Are Movie Bad Guys Always Chomping on Apples?（なぜ映画のなかの悪

い男たちはいつもりんごを齧《かじ》っているのか?)」たとえばライアン・レイノルズ主演の『デッドプール』(二〇一六年)では、主人公ウェイド/デッドプールの敵役エイジャックス(エド・スクライン)が不敵な笑みでりんごを齧っているし、『ハリー・ポッター』シリーズでハリーと敵対するドラコ・マルフォイ(トム・フェルトン)は、トレードマークのようにいつもりんごを手にしたり齧ったりしている。『フライトナイト/恐怖の夜』(二〇一一年)でコリン・ファレルが演じる吸血鬼ジェリーも、やはりりんごを齧りながら不気味に登場する。どうやらハリウッド映画では、悪い男はりんごを食べながらニヤニヤと笑みを浮かべるもの、という奇妙な法則があるらしい。

　悪者がしばしばりんごを齧って登場するのは、旧約聖書に基づく「りんご=禁断の実」というイメージのせいだろうか。それとも赤くて丸い形状が画面に強いインパクトをもたらすからか。マフィア映画では非情な悪役がよく赤ワインを飲んでいるように、赤い色は、血のしたたる不気味な雰囲気をかもしだす。りんごも、一見物騒さとは無縁な果物のようで、その真っ赤な色がどこか暴力や殺人を喚起させるのかもしれない。ただし、悪い男が齧るのは青りんごの場合もあるので、必ずしも色の効果だけではなさそうだ。

　同記事では、りんごは、バナナやみかんのように皮を剥いたりする手間がいらないからでは、という指摘もされている。たしかに不敵な笑みを浮かべながら現れた悪役が、おもむろに果物の皮を剝きはじめたら滑稽だ。その点、りんごに皮ごとかぶりつく様子はワイルドで勇ましく見えるし、硬いりんごを思いっきり嚙む音は、ちょっとした破壊音のようで凶暴さを感じる。バナナや桃のように柔らかい果物なら、その咀嚼音はもっと優しく、間の抜けたものになるはずだ。

ここでりんごを嚙む登場人物として挙げられるのは、男性の悪役ばかり。りんごを食べる女性の登場人物は、継母／魔女に騙されて毒入りのりんごを食べてしまう白雪姫くらいで、悪役というより無垢で純真な人の場合が多い。『オズの魔法使』（一九三九年）のジュディ・ガーランド［185頁］や、『ユー・ガット・メール』（一九九八年）のメグ・ライアン［205頁］は、劇中でがぶりとりんごにかぶりつく姿を披露するが、両者とも悪役とは言い難い。男は自分の強さと悪さを見せつけるためにりんごを齧り、女は純粋さと善良さからりんごを齧る、というわけだ。性別によってりんごがもたらす意味が変わるのは興味深いが、一方で、男性は強く女性は弱いという製作者側の思い込みや先入観が働いているように思えて、残念な気持ちになる。りんごの表象は、性別の違いや善悪の対比を超えて、もっと複雑なものになりえるはずだ。

必ずしも善悪の意味で括れないりんご映画に、レオス・カラックス監督の『アネット』がある。ここには、大きなりんごを丸齧りする女と、どう見ても悪者だがりんごではない別の果物を齧る男が登場する。『汚れた血』（一九八六年）、『ポンヌフの恋人』（一九九一年）、『ポーラX』（一九九九年）など、愛と狂気に取り憑かれた恋人たちを描いてきたカラックスが前作から八年ぶりに発表した『アネット』。ここでもやはり、アンとヘンリーという恋人たちの愛と狂気に満ちた物語が展開される。ただし、真の主人公はふたりの間に生まれた娘アネットだ。映画は、ロックバンドのスパークスの原案をもとに、ミュージカル形式でつくられ、赤ん坊のアネット役はなんと人形によって演じられた。

過激なネタで人気を集めるスタンダップコメディアンのヘンリーを演じたのはアダム・ドライバー。そして毎晩悲劇を演じることで世界中の人々を感動させるオペラ歌手のアンを、マリオン・コティヤールが演じている。喜劇と悲劇という、まったく異質な世界に住むふたりは熱烈に惹かれ合い、愛に溺れていく。だがその愛は、娘アネットの誕生を機に徐々に崩壊に向かう。

おもしろいのは、アンがつねに真っ赤で大きなりんごを傍に置いていること。公演に向かう車のなかでも、劇場の控え室で準備をする際にも、家のプールで泳ぐときも、いつだって食べかけのりんごを一個そばに置き、がぶりと齧りつく。そこには合理的な理由がある。一流のオペラ歌手であるアンは、栄養たっぷりでヘルシーなりんごを食べることで、自分の体調やスタイルを管理しているのだ。だが、あまりにも赤々として大ぶりのりんごはやはり不気味さを感じさせる。白雪姫のように、りんごを食べたアンにはきっと恐ろしい悲劇が起こるはずだと、私たちは考えずにいられない。

過激な芸が売り物だったヘンリーは、ある日を境に人気が一気に下降する。きっかけは、彼が妻殺しというどう考えても笑えないネタを披露し人々を怖がらせたこと。さらに過去に付き合った女性たちへの暴力が告発され、彼は世間から猛バッシングを浴びる。酒に溺れ凶暴性を増していく夫にアンは不安を抱きはじめるが、解決法は見つからない。そして家族で出かけたヨット旅行で、悲劇が起こる。大嵐の夜、アンが甲板から海に滑り落ち、亡くなってしまったのだ。

ヘンリーには妻殺しの疑いがかけられるが、証拠はない。果たして彼は故意に妻を海に突き落としたのか、偶然の事故なのか。すべてを目撃したはずの私たち観客でさえ、真実はよくわからない。それほどに、アダム・ドライバー演じるヘンリーはまだの姿には、恐ろしく謎めいた何かが宿って見える。そんなある日、ヘンリーはまだ言葉さえ話せない幼いアネットに、驚くような歌の才能があることを知る。その奇跡の歌声に魅了されたヘンリーは、これを利用し大金を稼ごうと決意する。

ヘンリーはどう見ても「悪い男」だ。事故という形であったにせよ、彼は実質的にアンを死に追いやり、娘の才能を食い物にし、自分の利益のためにさらなる殺人に手を染める。けれど彼はりんごを食べない。代わりに、背をかがめ、むしゃむしゃとバナナを食べる。公演前、ボクサーのようなガウンを着た大柄の男が、皮を剝きながらバナナに齧りつく様子はまるで猿のようだ。やがて彼はバナナを食べるのもやめ、ひたすら酒を飲み、タバコを吸いつづける。こうして、アンの死後、あれほど画面に登場していたりんごはいっさい姿を現さなくなる。それとともに、物語はよりダークに、おぞましい方向へと突き進む。

だが、本当にりんごはもう登場しないのか。姿を消した真っ赤な丸い果実に思いを馳せるうち、ハッとあることに思い当たる。アンがいつも胸に抱いていた、見事に丸々とした球体。赤毛に覆われた小さなアネットの頭部だ。人形が演じているからか、その形状はりんごの形によく似て見える。もしかして、アンは自分の代わりに、大好きなりんごによく似たアネットをヘンリーのもとに残したのではないだろうか。娘の赤毛の頭部が目に入るたび、ヘンリーの脳裏に、いつもりんごを食べていた自分の姿が浮かぶように。それはもはや呪いだ。

まだ幼児のアネットは、母による父への呪いと父の堕落を目にしながらも、奇跡の歌声を響かせるとき以外、一言も口をきかない。母の行方を問うことも、自分を使って金を稼ぐ父を責めたてることもせず、静かにそこに存在しつづける。死んでしまったアンの代わりに、そして父の犯した罪の徴《しるし》であるかのように、黙ってヘンリーの隣にいつづける。

罪の徴に気づいているのかいないのか、ヘンリーはただひたすら堕ちていく。娘の才能を搾取し、女性たちと遊び呆け、酒に溺れる日々。道を誤った彼の運命は、そしてアネットの未来はどこへ向かうのか。歌と音楽とともに奏でられる父娘の物語。その結末は凄惨で、悪に染まった父に救いはない。それでもたしかに愛は存在し、遺された少女の人生は続いていく。そんなひと欠片の希望を残して、映画は幕を閉じる。

悲しむ者は
りんごを丸ごと食べつくす

『ロングデイズ・ジャーニー　この夜の涯てへ』（二〇一八年、中国・フランス）

監督：ビー・ガン
出演：タン・ウェイ、ホアン・ジエ

ここ数年、中国の若手監督たちが、次々におもしろい作品を発表している。そのひとりが、『春江水暖～しゅんこうすいだん』（二〇一九年）を監督した一九八八年生まれのグー・シャオガン。長編デビュー作、しかも仲間たちと資金を出し合ってつくっ

た自主映画にもかかわらず、完成した映画はカンヌ国際映画祭批評家週間のクロージング作品に選出された。さらにフランスの映画雑誌『カイエ・デュ・シネマ』の二〇二〇年ベストで七位にランクインするなど、グー・シャオガンは中国期待の新鋭監督として特にヨーロッパで高い評価を受けている。ちなみに二〇二三年の東京国際映画祭では、待望の長編二作目『西湖畔に生きる』が上映されたが、一作目とはかけ離れたスタイルにただただ驚かされた。

もうひとり、こちらも若手監督として注目されているのが、長編二作目『ロングデイズ・ジャーニー　この夜の涯てへ』(二〇一八年)が二〇二〇年に日本で公開されたビー・ガン監督(一九八九年生まれ)。二〇一五年に自主製作でつくった長編デビュー作『凱里《かいり》ブルース』が評価を受けたビー・ガンは、いま中国のアート映画界でもっとも活躍が期待される監督だという。『ロングデイズ・ジャーニー』が、前作とは比べ物にならない破格の製作費をもとに製作されたのも、この高い注目度ゆえ。

ビー・ガンがこれまでに監督した長編二作品(またいくつかの短編も)は、どちらも監督の故郷である中国南部の町、貴州《きしゅう》省の凱里で撮影された。加えて、『ロングデイズ・ジャーニー』には架空の街「ダンマイ」が登場し、より幻想的な世界が用意される。主人公は、父親の死を機に、一二年ぶりに故郷の街、凱里へ帰ってきたルオ・ホンウ（ホアン・ジエ）という男。彼は、かつて自分を捨てて街を去った母、そしてマフィアに殺害された幼なじみの「白猫」（リー・ホンチー）にまつわる記憶を追い求めていた。またルオの頭のなかには、緑色のドレスを纏う謎めいた女ワン・チーウェン（タン・ウェイ）の姿がくっきりと焼きついている。母、亡き親友、かつて愛した女。三人の幻影を追うように、男は雨で濡れた街を彷徨い歩く。やがて彼は夜の映画館に足を踏みいれ、そこで鑑賞用の3Dメガネをかける。するとそこから、不思議な世界が広がりだす。

公開時に一番話題となったのは、主人公が3Dメガネをかけた瞬間から始まる後半六〇分。なんと映画自体が、ここから3Dの映像へと切り替わるのだ。なにしろ本編が始まる前、「主人公が劇中でメガネをかけたら、観客のみなさんも3Dメガネをかけてください」と注意書きが出るという徹底ぶり。さらにこの後半シーンは、すべてシークエンス・ショット（長回し）で撮られている。シークエンス・ショットとは、カットを切らず、芝居が続く間じゅうカメラを回す撮影手法のこと。ひとつのシーン全体をワンショットだけで撮影することは他の映画でもあるが、ビー・ガン監督は、六〇分近くも延々と、俳優たちの芝居を止めずにカメラを回しつづけた。舞台を撮影するときによくあるように、ひとつの場所にカメラを固定するのではない。あちこちへ移動する主人公を見失わないよう、カメラも一緒に街を移動しながら、男が体験する奇妙なできごとを記録していく。

この驚異の後半シーンが始まるとともに、さきほどまで映画館の椅子に座っていたはずのルオは、架空の街「ダンマイ」に入り込み、不思議な体験を重ねることになる。謎の少年と卓球をしたかと思えば、突然夜道をバイクで疾走し、リフトに乗って山を下りていく。そしてルオはかつて愛した人、ワン・チーウェンと瓜二つの女と出会う。ただしここでの彼女は、記憶のなかの緑衣の女とは異なり、真っ赤なレザーのジャケットを羽織っている。さらには幼なじみの「白猫」の母親とそっくりな女もいる。いったいここはどこなのか。男の夢のなか？　それとも彼が見ていた映画の内部に私たちも入り込んでしまったのか？　夜の街を彷徨う男の後ろをついてまわるうち、見ているこちらも魔法をかけられた気になってくる。

この幻想的な六〇分のなかに、とても魅力的なりんごのシーンが登場する。それは、長回しの手法を活かした最高のシーン。ルオたちはダンマイの中心にある広場にやってくると、そこで、りんごがたっぷり入った籠を背負う一頭の馬に目をとめる。このとき、馬は手綱を握る主人に逆らうように、ぶるぶると体を強く震わせる。すると籠からりんごがバラバラといくつもこぼれ落ち、慌てた主人はどうにか馬を落ち着け、りんごを道に残したまま歩き出す。ところで、馬が暴れたのはアクシデントなのか、それとも予定どおりの芝居だったのだろうか。なにしろカットを割らずに撮られているので、ちょっとしたアクシデント（に見える場面）が映ると、見ているこちらも妙にドキドキしてしまう。一方ルオは赤い革ジャンの女と別れ、ぐるりと広場のまわりを歩きつづける。やがて一周した彼は再び馬と遭遇し、すれ違いざま背中の籠からりんごをひとつ拝借。むしゃりとそのまま齧りつく。

りんごが登場するのはこれが最初ではない。『ロングデイズ・ジャーニー』では、重要なアイテムとしてりんごが何度も登場する。ときには画面内でひときわ輝く赤い色として、ときにはルオの語る思い出のなかの重要なアイテムとして。たとえば冒頭、故郷へ帰ってきた主人公が、幼なじみの「白猫」との最後のやりとりについて語り出すシーン。そこで私たちが知らされるのは、博打で借金を抱えた「白猫」から、ルオがあることを頼まれていたという事実。借金を返すためなのか、「白猫」はルオに、自分の代わりにりんごを運搬し、ある男に売るよう頼んでいたというのだ。だがルオがその約束をすっかり忘れていた。ようやく思い出したときにはすでにりんごは腐り果て、「白猫」は何者かによって無残にも殺された後だった。

さらにルオには、りんごにまつわる忘れられない思い出があった。それは、幼いころ、家を出て行った母親との記憶。かつて彼らの近所には養蜂家が住んでいた。母はいつもこの養蜂家のところに忍び込んでは、ハチミツを盗みだし、子どものルオに与えてくれた。どうしてもハチミツを手に入れられない日があると、母は悲しんで、代わりにりんごを食べていた、と彼は語る。なぜハチミツの代わりにりんごなのかはわからない。けれど母はこう息子に言った。「どうしようもなく悲しいとき、人はりんごの実も種も、一個丸ごと食べる」。やがて母は、家族を捨て、養蜂家の男と一緒に出奔する。

どうしようもなく悲しいとき、人はりんごの実も種も丸ごと食べる。その言葉とともに、画面には、「白猫」らしき男がりんごを頬張る姿が映される。男は瞳に涙を溜め、黙々とりんごを齧りつづける。実も種も、最後に残った芯もすべて口のなかに放り込む。咀嚼音とともにりんごを丸ごと食べ尽くす、ただそれだけの数分間。男に何が起きたのか、この場面が何の意味をもつのかわからない。それでも、彼が黙々とりんごを齧る姿を見ているだけで、言い知れぬ悲しさと絶望を感じてしまう。

一見、謎に思えるこのりんごのシーンは、ルオが迷い込むダンマイでの場面へとやがてつながっていく。馬からりんごを盗み取ったルオは、それを頬張りながら、またぶらぶらと広場を周回する。広場では街の人々によるカラオケ大会が開催中で、どうやら赤い革ジャンの女もそれに参加するつもりらしい。楽屋で大会の準備をする女の横に座り込むと、ルオは残ったりんごをすべて口に放り込む。実も種も芯も丸ごと全部。その姿を見て、そうか、彼はどうしようもなく悲しかったのかと初めて気づく。と同時に、ずっとカメラが回るなか、この俳優さんはよくぞむせたりせずに全部食べ切れたな、なんて現実的な感想が浮かんでしまう。もしかしたら、カメラがずれた瞬間に、そっと種や芯を吐き出していたのかもしれない。

街では、長い夜がもうすぐ明けようとしている。男と女は、明るみかけた街を再び歩き出す。彼らがたどり着く場所はどこなのか。映画の最後に訪れる不思議な魔法に、じっくりと目を凝らしてほしい。思わず笑ってしまうほど滑稽でロマンティックなラストシーン。そういえば、この映画の本国タイトルは「地球最后的夜晩」。地球最後の夜に、ふたりは出会い、夜明けまでの時間を過ごす。

男はもうりんごを丸ごと食べることはないのだろうか。大胆に齧りつく姿をまた見てみたいと願いつつ、もうそんな必要がなければいいのに、とも思う。魔法のようなこの映画は、見たことのない幻想世界へと私たちを誘い、忘れられないりんごのシーンを見せてくれた。

不貞腐れた顔の女たち

『美人が婚活してみたら』（二〇一八年、日本）

監督：大九明子
出演：黒川芽以、臼田あさ美 他

アメリカ映画をよく見ていたせいか、子どものころ、りんごを丸ごと齧ることにあこがれた。青森出身なので、家では毎日のようにりんごを食べていたけれど、食べるときは皮を剝き、八等分に切るのが普通だった。ある日、今日こそは、と子ども心に決意し、真っ赤なそれにがぶりと齧りついたときは、いけないことをしているようでドキドキした。でも実際に試してみると、一個を食べきるにはりんごはあまりに立派すぎて、これは切り分けて少しずつ食べるほうが美味しいな、と合点がいった。ナイフを使わずかぶりつくならもっと小ぶりなものがいい。手のひらにすっぽりおさまるくらいの小さなサイズ。アメリカの高校生のランチボックスに入っているような青りんごや、セザンヌの静物画でお皿いっぱいに載っている赤や黄色のりんご。そういえば最近東京のスーパーマーケットでは、ニュージーランド産の小さな「ジャズりんご」をよく見かけるようになった。

最近見たふたつの日本映画に、りんごに齧りつく女性たちがいた。ひとつは、ネットで話題のエッセイ漫画を、大九《おおく》明子監督が映画化した『美人が婚活してみたら』。主人公は、常々「美人」だと周囲から言われている三〇歳前後の独身女性タカコ（黒川芽以）。長い不倫関係を解消したばかりのタカコが、ある日突然「私、結婚したい」という思いに駆られるところから映画は幕を開ける。彼女は婚活サイトや結婚相談所など、あらゆる手段を使って結婚相手を探そうとするが、婚活は思うように進まない。幾人かの男たちとの出会いをくりかえしたあと、やがて彼女は、「私はなぜ結婚したいのか」という根本的な問いに向き合うことになる。

タカコは、いつも自分の婚活の様子を親友のケイコ（臼田あさ美）に相談する。すでに結婚しているケイコは、親友が右往左往するさまをおもしろがりながらも、

「結婚したからって幸せになるわけじゃないけどね」と投げやりにつぶやいている。ある日、家に遊びにやってきたタカコは相変わらず婚活の成果を話しつづけるが、話を聞きながら、ケイコは大きなりんごをせっせと紙袋に詰めている。ずいぶんと量が多いので、義実家か親類からもらったのかもしれない。夫とふたりでは食べきれないので友だちにおすそ分けしようとしているらしいが、作業の途中、突然ケイコはがぶりとりんごに齧りつく。そのりんごはずいぶん大きく立派なもので、こんなに思いっきり齧りついて残りはどうするつもりだろう、と少し心配になった。いや、だからこそ彼女の滑稽さが際立つシーンなのか。後先考えずにとにかくかぶりついてみました、というやけくそさ。彼女の様子を見ていたタカコも、突然そんな行為に出た親友を若干怯えたように眺めていた気がする。

『美人が婚活してみたら』は、一見、主人公が男たち相手に恋をしては破れてをくりかえす恋愛コメディのようで、実は女性たちの友情物語でもある。ふたりはいつも居酒屋でビールや美味しそうなおつまみを食べながら、ぐだぐだと愚痴や笑い話に没頭する。正直に言うと、劇中で頻発される「美人」や「婚活」という言葉に少し辟易してしまうところもあったのだけれど、それ以上に、女たちのテンポのよい会話や威勢のいい喧嘩に惹きつけられた。男たちとのままならない恋愛よりも、女たちの友情劇のほうがよっぽど楽しく、わくわくした。

もう一本のりんごが登場する映画は、塩田明彦監督『さよならくちびる』（二〇一九年）。こちらも女ふたりの友情劇。正確には、音楽ユニットを組むふたりの若い女の子と、彼女たちをサポートする付き人の男の物語だ。インディーズでそこそこの人気を得たものの、すでに解散を決意している人気デュオ「ハルレオ」のふたりは、付き人のシマ（成田凌）と三人で、最後の全国ツアーへと出かける。作詞作曲を手がけるハル（門脇麦）と、ハルに誘われて歌を始めたレオ（小松菜奈）との関係は、今ではかなり険悪な様子。ツアーの道具を積んだ車のなかでも、口を開けば喧嘩ばかり。後部座席でレオがハンバーガーにかぶりつけば、「車内は飲食禁止なんだけど」とハルが鋭く言い放ち、「その前に車内禁煙なんだけど」と煙をぷかぷか吐き出すハルをレオがにらみ返す。そんなふたりをなだめつつ、シマは半分諦めたようにため息をつく。

解散ツアーは、ギスギスとした雰囲気を抱えながら、三重、大阪、新潟、山形、弘前、函館へと続いていく。各地でのライブの模様を経由しながら、三人のそれぞれの過去が回想される。ハルが、働いていた工場で初めてレオに声をかけた日。

「音楽やらない？」という突然の提案に驚きながら、大好きなハルと一緒にいるためにギターを練習しはじめたレオ。ふたりの音楽に魅せられ、もう一度人生をやり直したいと付き人になったシマ。だが順風満帆に進むかに見えた音楽活動は、ふとしたすれ違いから、亀裂が生じる。どうして彼女たちの関係は壊れてしまったのか。この関係は修復されるのか。そんな緊張を孕みつつ、解散までのカウントダウンは徐々に近づいていく。

彼女たちの口から吐き出されるストレートな台詞の数々に、少しだけ気恥ずかしくなる。触れ合いそうで触れ合わない身体の微妙な距離にやきもきする。吐き出される煙草の煙に、ぐしゃりと潰されるビール缶の音に、今にも何かが爆発しそうな気配を感じ、ヒヤリとする。それでもともかく旅は続いていく。不機嫌で孤独な女の子たちのロードムーヴィー。それはあまりにもまっすぐで、どこか間の抜けた旅でもある。

『さよならくちびる』の冒頭、つまりツアーが始まってすぐのこと、車の助手席に乗ったハルががぶりと赤いりんごに齧りつく。ちょうどさっき、ハル自身が「飲食禁止」と言っていたばかりなのに。こちらもやはり大きく立派なりんごだ。そんな大胆にかぶりついたら、果汁が垂れて手がベタベタになりそう、と変なところにハラハラする。実際のところ、このシーンはほんの一瞬で終わってしまうので、ハルがどうしてりんごを齧っていたのかはよくわからない。ただ単に、小柄な女の子がりんごにかぶりつく姿がかっこいいからと作り手が考えただけかもしれない。ハンバーガーやビールなど、身体に悪そうなものばかり口にしているレオとは対照的な食べ物を、と思ったのかもしれない。とにかく、助手席で足を無造作に投げ出しながら、勢いよくりんごに齧りつく彼女はかっこよかった。投げやりで、お腹が満たせれば何でもいい、なんて感じで。彼女なら、あの大きなりんごも丸々一個食べ尽くしてしまいそうだ。

『美人が婚活してみたら』では、途中から、タカコとケイコの関係に暗い影が差しはじめる。ただ「結婚したい」としか言わないタカコに、夫や姑との関係にトレスを抱えているケイコは苛立ちを募らせていく。女たちの微妙な友情関係はちょっとした一言で壊れてしまう。ちょうどりんごのシーンが登場したころから危ない雰囲気が出てきた気がするが、やはりケイコのやけくそな気分が、このあたりからにじみ出していたのだろうか?

微妙な距離感を保つふたりの女。どちらの映画でも、不満げな顔をした女が、もう一方の目の前でりんごにむしゃぶりついていた。映画のストーリーに大きく関係しないちょっとしたシーンなのに、不貞腐れた顔をした彼女たちの顔が、なぜか印象に残る。それは彼女たちの大胆さが実にかっこよく見えるからだ。皮も剝かず、切り分けたりもせず、大きくて赤い塊を手でしっかりと握りしめる。本当に一個食べきれるかとか、手が汚れるんじゃないかとか、そんな冷静な考えは放り投げ、ただ口を大きく開けてむしゃりとかぶりつく。もしかすると、イライラしてやけくそな気分になったとき、人はりんごに齧りつくのかもしれない。そして私は、女たちのやけくそさにこそ惹かれてしまう。

青年が真実と向き合うとき

『東京公園』(二〇一一年、日本)
監督：青山真治
出演：三浦春馬、榮倉奈々

この映画にりんごが登場していたことを、約十年ぶりに見直して初めて気がついた。食べるシーンが多い映画なのはよく知っていた。肉まん、ケーキ、おでん、豆大福、そして赤ワインに焼酎。ここに登場する人々は、誰もがみなよく食べ、よく飲み、よくしゃべる。そういえば、口にするのは丸いものばかりだ。赤ワインと一緒に齧りつく大きな肉まん。クリームたっぷりのシュークリーム。豆大福。おでんには丸い卵と大根が入っていたような気がする。こうして主人公たちが楽しむ数々の食事のなかに、赤くて丸いりんごがふいに登場する。

青山真治監督の『東京公園』はふしぎな映画だ。三浦春馬演じるカメラマン志望の大学生、志田光司のまわりには、どこか変わった人ばかりが集まり、彼を翻弄する。光司が暮らす古い一軒家には、高井ヒロ（染谷将太）というルームメイトがいるが、いつも家にいてばかりのヒロには何か秘密があるようだ。

そんな彼らのもとを、いつも美味しそうな食べ物を片手に訪れるのが、ヒロの元恋人で、光司の幼馴染である富永美優（榮倉奈々）。美優は、光司がバイトをする店にもしょっちゅう顔を出し、最近ハマっているゾンビ映画についてひとしきり語ってみせたり、家までついてきては無理矢理一緒にビデオを見せたりする。それなのに、頑なにヒロと会おうとしないのはどういう理由からなのか。美優と同じように、光司の姉・美咲（小西真奈美）もバイト先をたびたび訪れる。光司と美咲は両親が再婚して家族になった、いわゆる血のつながらない姉弟で、ふたりの両親は数年前に伊豆大島に引っ越し、今では島暮らしを楽しんでいるらしい。

光司は、毎日のように公園を歩いては、そこで見かける家族の写真を撮りつづけている。ある日光司は、その様子に目をとめた歯科医の初島（髙橋洋）から、「ある子連れの女性を尾行し、写真を撮ってほしい」と頼まれる。どうやらその女性とは彼の妻・百合香（井川遥）のことで、彼女は幼い娘を連れ毎日異なる公園を散歩しているという。初島はなぜ自分の妻を尾行しろと命じるのか。なぜただのカメラマン志望の自分にそんな依頼をするのか。浮気調査ならプロの探偵に頼めばいい。戸惑いながらも、光司はその謎めいた依頼を引き受けることに。

にわか探偵に就任した光司は、毎日いろんな公園を歩きまわる。百合香が夫以外の男性と会う気配はまったくない。ただ娘とふたり、楽しそうに散歩をするだけ。でも、なぜ毎日違う公園を訪れるのか、その場所にどんな理由があるのかはわからない。光司は、彼女の写真を撮りながら、木の陰で赤いりんごを丸ごと齧る。新人探偵は、慣れない尾行と撮影でお腹が空いてしまったようだ。

光司という青年は、とにかくいつも驚き目を丸くしてばかりいる。急な探偵仕事の依頼に「なんで自分が？」とびっくりし、美優の自由奔放さに毎回呆気に取られ、百合香に尾行を気づかれそうになっては慌てて身を隠す。さらに彼は、自分が気づいていなかったいくつもの新事実を知らされ、何度も驚くことになる。

彼が知らされた新事実。それは、美咲がずっと自分のことを好きだったこと。そして彼もまた知らぬ間に姉を愛していたこと。血縁関係がないとはいえ、ふたりはあくまで姉と弟。その想いは互いの心の奥底にしまい込まれ、光司本人ですら自覚していなかったようだ。秘めた想いに気づかせてくれたのは美優だ。さらに美優は、なぜ光司が百合香の尾行を引き受けたのか、その理由についても鋭い指摘をし、彼をハッとさせる。

「やっぱ全然わかってなかったかぁ」と呆れながら、美優は光司と美咲の想いを、どうにか実らせようと画策する。そんな彼女もまた、心の奥底で、元カレと幼馴染との間で複雑な思いを抱えている。光司は、美咲と美優、そして百合香という三人の女性たちの間をおたおたと行ったり来たりしながら、自分の気持ちがどこを向いているのか、考え込む。

ぼんやりとした青年の顔が、徐々に険しくなり、やがて落ち着きを見せていく。たくさんのものを食べ、飲み、話を聞きながら、彼は成長する。そういえば、その果実を口にしたアダムとイヴが善悪の知識を得たように、りんごは知恵の実の象徴だ。もしかすると光司もまた、公園でりんごを食べたことで、それまで見えていなかった真実に気づいてしまったのかもしれない。無邪気に他人の家族を見つめ、写真を撮ってきた青年が、りんごによって世界の複雑さに気づいてしまった、というわけだ。

そういえば青山監督の『月の砂漠』（二〇〇一年）という映画にもりんごが登場していた。りんごをめぐって家族のありかたとは何かを説く、印象的な言葉。りんごを買ってくる人（夫）がいて、それを剥いてあげる人（妻）、そしてそれを食べる人（娘）がいる。そうしたそれぞれの役割が家族を成り立たせるのだと、とよた真帆演じる女性が言っていた。ただしその役割は決して性別や続柄によって固定されたものではなく、いつでも交換可能なのだと、私は思いたい。

『東京公園』で、美咲はどんなふうに自分を見つめてきたか。美優の、自分を見る目はどう変わってきたのか。彼女たちの視線の正体に気づいた光司は、では自分はどう応えるべきかを考えはじめる。そうして、まずは美咲をまっすぐに見つめてみようと決意する。その手段はもちろんカメラ。それは、彼のもうひとつの目だ。

女性たちと正面から対峙する光司を、映画のカメラもまたまっすぐに見つめつづける。光司と美咲が視線をぶつけ合う長い長いワンシーンは、まるで西部劇の決闘のようだ。自分のすべてを懸けて相手に視線を投げつけるふたりを前に、見つめ合うとはこれほど難しく過酷なことなのかと驚かされる。真剣勝負を終えたふたりの顔には、晴々とした表情が浮かんでいる。その結末がどんなものであろうと、ふたりはもう自分の想いに苦しむことはないだろう。

東京に実在するたくさんの公園を歩き、カメラを構えながら、光司は複雑な世界の仕組みを徐々に理解していく。散歩する百合香が何を見つめているのかも、やがてわかるだろう。そして美咲、美優との関係もたしかに変わっていく。ひとりの青年が、知らぬ間に向けられていた視線に初めて気づき、その視線と対峙するまで。彼らが行きつく先には、光射す場所が待っている。

「りんごを磨く人」とは誰のこと？

『グッド・ウィル・ハンティング／旅立ち』（一九九七年、アメリカ）
監督：ガス・ヴァン・サント
出演：ロビン・ウィリアムズ、マット・デイモン

映画を通して、外国語の表現を知るのは楽しい。子どものころに大好きだった『バック・トゥ・ザ・フューチャー』（ロバート・ゼメキス監督、一九八五年）では、マイケル・J・

フォックス演じる主人公が、いつもある言葉を言われると我慢できずにキレてしまうという有名な場面があった。吹き替え版ではたしか「腰抜け」と訳されていた。大人になってから、字幕版を見て気がついた。実際に主人公が言われていたのは「chicken（チキン）」という言葉。英語では「chicken＝腰抜け」だと教えてくれたのは、学校の授業ではなく、この映画だった。

りんご（apple）をめぐる英語の言い回しについて教えてくれたのもやはり映画だった。きっかけは、何気なく見ていた『バッド・ティーチャー』（ジェイク・カスダン監督、二〇一一年）。キャメロン・ディアスが身勝手なダメ教師役を演じたコメディ映画だが、このエリザベス先生がとにかくひどい。いつも酒を飲み、大麻を吸い、楽して金を稼ぐことしか考えていない。お金稼ぎに必死になるのは豊胸手術のためで、その理由は、大きな胸を手に入れれば金持ちをたやすく引っかけられるから。

下品な笑いに満ちたコメディ映画のどこにりんごが登場するかといえば、まずはオープニングシーン。昔と今の教室でのさまざまな風景が、白黒とカラーの映像、ときにはアニメーションも取り混ぜながら軽快な音楽と共につなげられていく。その冒頭、可愛らしい生徒が教師に真っ赤なりんごを差し出すシーンが映る。それを見た教師は嬉しそうに顔をほころばせるのだが、いったいこの場面にはどんな意味があるのだろう?

どうやらアメリカでは、自分の子を教えてもらうお礼にと、親がピカピカに磨いたりんごを子どもに持たせて教師に贈らせる風習があるらしい。おもしろいのは、そこから「apple-polisher(りんごを磨く人)」=「ごまをする人」という意味が生まれたこと。つまりりんごを差し出すのは、先生に敬意をこめた行為である一方、はたから見れば、いかにも先生に取り入る行為にも見えるというわけだ。『バッド・ティーチャー』では、エリザベスのライバル的存在として、熱血教師エイミー(ルーシー・パンチ)が登場する。エイミーの教室では、生徒たちの机すべてにりんごが載っている。「先生から生徒にりんごを配るわけ?」といぶかしげに尋ねるエリザベスに、エイミーはうっとりした顔でこう答える。「教師だって生徒から学ぶことは多いでしょう。これが私の信条なの」。つまり普通とは逆に、エイミーは生徒に媚びを売る先生だというわけだ。ただし、どんなにりんごを磨いても彼女は生徒から全然好かれていないのだけれど。そんなある日、エイミーは自分の教卓にピカピカのりんごが置かれているのを見て大喜び。「いったい誰がりんごを置いてくれたの?」と満面の笑みでりんごに齧りつくが、実はこれはエリザベスの罠。同じ男(ジャスティン・ティンバーレイク)を狙う彼女を蹴落とそうと、りんごに皮膚がかぶれる薬を塗っていたというとんでもないオチが待っていた。

デビュー直後のマット・デイモンとベン・アフレックが共同で脚本を書き、ガス・ヴァン・サントが監督した映画『グッド・ウィル・ハンティング／旅立ち』にも、ちらりとだが、りんごをめぐる教師と生徒のやりとりが映される。主人公は、ボストンのMIT（マサチューセッツ工科大学）で清掃員として働く二一歳の青年ウィル・ハンティング（マット・デイモン）。彼はめぐまれない人生を歩んできた青年で、いつも荒っぽい仲間とつるんでいるが、実は天才的な数学の才能を持っていたことが判明し、人生が大きく変わる。

りんごをめぐるシーンが登場するのは、映画の冒頭、MITで数学を教えるランボー教授（ステラン・スカルガルド）が大勢の学生たち相手に講義をしているシーン。教授は、課題について話をしながら教卓の上に載ったピカピカのりんごに目をとめ、それを前の席の生徒へとぽんと投げてやる。「ほら、これは君に返そう」。学生たちは、その動作にどっと笑い声をあげる。一度目に見たときは、このシーンの意味がよくわからなかった。でも「りんごを磨く人」の意味を知ってから見直すと、「ごますりは僕には通用しないよ」と冗談めかしていたのか、と想像がつく。そして、先生の冗談に気軽に笑う生徒たちの様子から、このちょっといかめしく見える教授が、学生たちから好かれているのがよくわかる。

ランボー教授は、ウィルの数学的才能にいち早く気づき、才能を生かす職に就かせようとする。まずは短気な性格から傷害事件をくりかえすウィルを更生させようと、教授は、古い友人で別の大学で心理学を教えるショーン・マクガイヤ（ロビン・ウィリアムズ）に彼のカウンセリングを頼む。ショーンは、この天才青年の抱える孤独に気づき、まずは心の扉を開かせようと試みるが、一方のランボーはウィルの数学的才能を世に出すことにしか興味がない。だから、ウィルがいつまでたっても大学での職に興味を抱かず、紹介した一流企業での仕事も拒むことに苛立ちを募らせる。

「このまま一生清掃員や工事現場の仕事をするつもりか？ そんなのは才能の無駄遣いだ」という叱責にも、ウィルは「それの何が悪い？」と真っ向から反論する。ずっとこのまま、その日暮らしの仕事をして、気の合う仲間と毎晩ビールを飲む生活でかまわない。学校で学ぶ必要はない、好きな本を図書館で借りて読めばいい。

そんな彼が理解できず、ランボーは怒りをあらわにする。単に教師という役目からくる責任感だけではない。それは明らかに嫉妬心だ。自分がどれほど努力しても手に入れられない天才的頭脳を持っているくせに、それを気にもとめない者への嫉妬。だが、そんなふうにウィルに苛立ちをぶつける彼を、映画は決して悪者としては描かない。彼が実直な教師であり、心から数学を愛していることを、私たちは知っている。

『グッド・ウィル・ハンティング／旅立ち』は、いわゆる教師と教え子の物語とは少し違う。それは、不遇の天才青年というウィルの特異さのためであり、彼が孤独を抱えたまま大人になった青年でもあるからだ。ウィルと出会った大人たちは、彼に何かを教えようとするが、同時に彼から大事な何かを教わることになる。ランボーが、才能を見いだしたはずのウィルに対して嫉妬し、自分の驕《おご》りに気づかされるように、ショーンもまたウィルとの出会いによって自分の人生を見つめ直す。

はじめ、ショーンはカウンセラーとして青年を良い方向へ導こうとする。けれど強く反抗され、ショーンはまず自分の人生を語ろうと決意する。最愛の妻との出会い。彼女を病気で失った悲しみ。人生を教える教師／カウンセラーとしてではなく、年長の友人として、ひとりの青年と真っ正面から向かい合うのだ。そうして青年の警戒心を解き、彼が自分のことを語りはじめるのを辛抱強く待ちつづける。

ショーンはウィルに、いくつもの示唆に富んだ言葉を投げかけるが、ウィルの親友チャッキー（ベン・アフレック）がぽろりとこぼす言葉もまたいい。「俺は毎朝、お前の家のドアをノックしながら、お前が出てこなきゃいいなと思ってわくわくしてるんだ」という言葉は、ファンには知られる名台詞。周囲の人々から何度も名言を投げかけられたウィルは、最後、ショーンの言葉を颯爽と盗んでみせる。それは、この映画の最高のシーンのひとつだ。

ここにはもうひとつりんごが登場するシーンがある。実際のりんごではなく、あくまで単語としての登場だ。ある夜、バーでチャッキーがハーバード大の女子学生を口説いていると、いけすかない男子学生たちに絡まれる。ハーバードの学生を装うチャッキーが本当は大学も行っていない無教養な男だと見抜き、馬鹿にする学生たちに、仲間のウィルはくってかかる。得意の暗記力で、男子学生が引用する書物を次々に見抜いては、「で、次はどの本を引用するつもりだ?」と喝破してみせる。学生たちは、ウィルの知識の多さに怖気づき、すごすごと退散する。その後、別の店で飲んでいる男子学生を見つけたウィルは窓の外から大声で呼びかける。「Do you like apples?（りんごは好きか?）」。そうして先ほどの女子学生からもらった電話番号を見せつけながら「How do you like them apples?（このりんごは気に入ったか?）」と笑いながら叫ぶ。調べてみると、「How do you like them apples?」は「どうだ！」とか「やったぜ！」という意味になるようで、アメリカ軍が使っていた砲弾に由来するという説もあるが、正確なところはわからない。ともかく、ウィルがその子の電話番号を勝ち取ったことを相手にひけらかしているのはたしかだ。

りんごを磨く人が「ごますり」になったり、「りんごは好きか？」という問いかけが「あの子の電話番号をもらったぞ！」なんて意味につながったり。英語に馴染みがない人間にとって、りんご（apple）をめぐる表現は、まだまだ奥が深い。

大人と子どもの友情を紡ぐもの

『ミツバチのささやき』（一九七三年、スペイン）

監督：ビクトル・エリセ
出演：アナ・トレント、イザベル・テリェリア

りんごを手にした子どもたち。その光景を想像するとふと笑みがこぼれそうになる。子どもとりんごという組み合わせに、純真無垢なイメージを抱くからだろうか。子どもの手に握られると、小さなりんごでも妙に大きく見える。そのアンバランスさが可愛くもあり、どこか懐かしい気持ちにもさせられる。

古今東西、大好きな映画は山のようにあるけれど、なかでも忘れられないのが、

ビクトル・エリセ監督の『ミツバチのささやき』。舞台は一九四〇年ごろのスペインの小さな村。この村で、幼い少女アナ（アナ・トレント）は、姉のイザベル（イザベル・テリェリア）、養蜂の仕事をしながらミツバチの研究をする父、そして家を切り盛りする母と暮らしている。ある日、村の公民館でフランケンシュタインの映画を見たアナは、その不思議な怪物にすっかり魅せられてしまう。イザベルから、フランケンシュタインは怪物ではなく本当は精霊で、村はずれの空き家に住んでいるのだと冗談半分に教えられたアナは、後日ひとりで空き家を訪ねてみるが、精霊とはなかなか出会えない。そんなアナを、イザベルはたびたび揶揄い、おどかしてみせる。どうやらこの幼い姉妹は、死者の存在を恐れながら、その気配に惹かれているらしい。一方大人である両親は、娘たちを気にかけながらもそれぞれの殻のなかに閉じこもっている。父は、現実から目をそらすようにミツバチの研究に没頭し、母は、ここにはいない誰かに向けてひたすら手紙を書きつづける。彼らの心に巣食う喪失感は果たしてどこからやってきたのか。

ある日、いつものようにアナが空き家を訪ねると、そこに傷ついて眠る兵装をしたひとりの男がいた。どこかから逃亡してきたらしい彼は、脚を怪我してこの家に隠れていたのだ。アナはすぐさま彼こそ精霊だと信じ、自分のお弁当用に親からもらったりんごをそっと手渡す。兵士はすぐには彼女の好意を信じられず警戒心をあらわにするが、空腹に耐えきれずりんごにむしゃぶりつく。

描かれるのは、内戦が終わり、フランコによる独裁が始まった時期のスペイン。劇中で、内戦の事情が直接的に言及されることはない。だが少女と兵士の交流から、この小さな村にも暗い影が忍び寄っていることが徐々に見えてくる。おそらく負傷した兵士は反フランコ側の人間で、政府軍の手から逃れてきたのだろう。アナの両親の抱える喪失感もまた、内戦による傷跡が原因にちがいない。まだ現実と夢の境目を知らない少女アナは、たびたび兵士のもとを訪ね懸命に世話を焼こうとする。彼女にとっては、精霊との大事なひとときなのだ。傷ついた彼もまた、少女相手に心を許しはじめる。アナの小さな手が差し出す黄色いりんごが、異質なふたりをつないでいく。だがその友情は、厳しい現実の前にもろくも崩れ去る。

子どもを純真無垢だと思うのは、大人の勝手だ。イランのアッバス・キアロスタミ監督は子どもを主人公にした映画を数多く手がけたが、それらの作品に登場する子たちは、決して大人の思い描く純粋さを見せたりはしない。監督の長編デビュー作『トラベラー』(一九七四年)の主人公は、大好きなサッカーの試合を見るために、大人たち相手に嘘や言い訳をくりかえす。その無鉄砲さは手に負えない野生動物のよう。一方、友だちの大事なノートを返そうと必死で家を探す少年が主人公の『友だちのうちはどこ？』（一九八七年）では、大人たちの少年への態度があまりに厳しく、大人と子どもとはこんなにも意思疎通が取れないものかと驚いてしまう。

同じキアロスタミ監督の『風が吹くまま』（一九九九年）では、やはりりんごを手に持った少年が現れる。主人公は、一風変わった葬式の様子を撮影しようと小さな村にやってきたテレビマンの男。村までの案内をしてくれた少年は、毎朝男の家の下にやってきては「りんご、食べる？」と差し出してくれる。少年にとっては、テレビクルーのスタッフは、都会から来た不思議な集団であり、見たこともない何かを見せてくれるあこがれの相手なのだ。男は少年の好意を最初は快く受け取っていたが、撮影が思うように進まずイライラが募るうち、ある朝「りんごなんていらないんだよ！　さっさとどっかに行くんだ！」と少年を怒鳴りつけてしまう。翌日冷静になって謝るけれど、少年の無邪気な笑顔はどこかへ行ったまま。大人の八つ当たりは、子どもの心を決定的に傷つけてしまう。

子どもが仲良くなりたいと願う大人相手にりんごを手渡すのは、それが彼らにとっては精一杯のご馳走だからだ。大人ならば、自分のつくった手料理を食べてもらおうとしたり、値段の張る食事やお酒を用意して相手に好かれようとするにちがいない。料理をつくれず、高価な食べ物を買うこともできない子どもたちは、おやつとして手に入れたりんごを渡すのが精一杯の友情の証なのだ。

ただし、りんごが紡いだ友情は、『ミツバチのささやき』でも『風が吹くまま』でも、結局は幻に終わる。大人と子どもの友情なんて所詮はそんなもの。年齢差を超えた友情は一見美しく見えるけれど、生きている世界が違うのだからそう簡単には続かない。そういえば、『キングス＆クイーン』（アルノー・デプレシャン監督、二〇〇四年）という映画で、マチュー・アマルリック演じる主人公が、元恋人の子どもに対し「大人と子どもは友だちになんてなれないよ」と語っていた。君のことは大好きだけど僕は父親にはなれない。友だちにもなれない。だって大人と子どもは友だちにはなれないものだから。でも子どもには、親以外に頼ったり話をしたりする大人が必要になるときがある。そういうときは僕を頼ってきたらいい。

「子どもとだって友だちになれる」と豪語する大人よりも、きっぱりと「友だちにはなれないよ」と宣言する大人のほうが、よっぽど誠実かもしれない。そんなことを、りんごを手にしたふたりの子どもたちを見ながら思い出した。

少年が選んだ
最高のクリスマス・プレゼント

『狩人の夜』（一九五五年、アメリカ）

監督：チャールズ・ロートン

出演：ロバート・ミッチャム、リリアン・ギッシュ

誰かにりんごを贈ること。その意味するところは何だろう。アメリカでは、学校で生徒が先生に磨いたりんごを贈るのが伝統らしいが〔152頁〕、ではクリスマスに贈られたりんごにはどんな意味があるのだろう？

りんごを贈るシーンが出てくるのは『狩人の夜』。デイヴィス・グラッブのベストセラー小説を、作家で映画評論家でもあったジェイムズ・エイジーが脚色し、俳優のチャールズ・ロートンが監督した。実は公開当時は興行的にも批評的にも不評だったようで、そのせいか、チャールズ・ロートンにとってこれが最初で最後の監督作となってしまった。映画がカラーへと移行し華やかな作品が人気を博していた一九五〇年代半ばのアメリカでは、貧しく陰惨な時代を背景にしたこのモノクロ映画は受け入れられづらかったのかもしれない。結局映画はその後再評価を呼び、現在では多くの映画監督たちがこの「名作」からの影響を公言している。

舞台は大恐慌時代のアメリカ。まず登場するのは、困窮する家族を救おうとふたりを殺し大金を奪った男が、自分の子どもたちの前で警官に逮捕される場面だ。男は裁判にかけられ絞首刑となるが、彼が盗んだ金は行方不明のまま。実は男は幼い息子ジャックと娘パールにだけ金の隠し場所を教え、「このことは決して誰にも言うんじゃない。金はいつか自分たちのために使うんだ」と諭していた。父と子たちの最後の約束。それは男の妻ですら知らないことだ。この大金をめぐって、遺された子どもたちに大きな危機が忍び寄る。

死刑になった男が残した大金の行方。それに目をつけたのは、刑務所で彼と同房にいたパウエルだ。このパウエルという男がとにかく恐ろしい。演じるのは『過去を逃れて』（ジャック・ターナー監督、一九四七年）、『エル・ドラド』（ハワード・ホークス監督、一九六六年）などに出演したロバート・ミッチャム。右手の指に「ＬＯＶＥ（愛）」、左手に「ＨＡＴＥ（憎悪）」と刺青をした彼は、表向きは善良な伝道師を装っているが、実は未亡人を誘惑しては殺害し金を盗む、根っからの悪党だ。しかも彼は女たらしでありながら女を蔑み憎悪する、ミソジニーの塊のような男。そんな彼が、ジャックとパールに近づくため、ふたりの母ウィルを誘惑する。夫を亡くしたウィルはまんまとパウエルの毒牙《どくが》にかかり彼と再婚するが、結婚初夜にセックスを拒まれた彼女は、「卑しい女だ」と罵倒され、恥ずかしさからますます彼に服従するようになる。

　幼いジャックは、パウエルが悪党であり、父の遺した金を狙いにきたとすぐに気づくが、周囲の大人は彼の言うことなど信じない。実の母親ですら、息子より新しい夫を信じきっている。妹パールは幼すぎて事態を理解できず、ジャックはたったひとりでこの悪党に抵抗しなければいけない。そんなある日、ついにパウエルは本性を露わにし、ウィルに手をかけると、遺された兄妹に「金のありかを教えろ」とにじり寄る。あまりの怖さに大金を渡してしまいそうになった寸前、ジャックは機転をきかせパールを連れてどうにか逃げおおせる。

頼る人も行く場所もないまま、兄妹は小船に乗って川を下っていく。疲れ果て小舟のなかで眠りにつく彼らを拾ったのは、レイチェルという女性。演じるのはサイレント映画時代から活躍した伝説の女優リリアン・ギッシュ。彼女は一見厳しい女性のようだが、身寄りのない子たちを集め、畑仕事を手伝わせながら育てている立派な人だ。ジャックとパールは、こうしてレイチェルの家で世話になることに。

パールはすぐに新しい「家族」に馴染むが、すでに大人に失望しきっているジャックは、そう簡単には心を開かない。一方のレイチェルは、実の息子との関係が悪化し、今では疎遠になっているらしい。要するにジャックもレイチェルも頑固で融通がきかない同士なのだ。そんなふたりが少しずつ心を開くシーンで、重要なアイテムとしてりんごが登場する。

ある夜、子どもたちに聖書にまつわるお話を聞かせていたレイチェルは、ひとりだけ眠りにつこうとしないジャックに気づく。彼が何か大きな秘密を抱え苦しんでいることに、レイチェルは勘づいている。でも自分にも他人にも厳しい彼女は、子どもに優しく接する方法がわからない。そこで彼女は相変わらず険しい顔で「りんごを持ってきなさい」とジャックに命令する。そうして渋々取りに行こうとする彼にこう語る。「私のぶんと、それから自分のぶんも取りなさい」。

ジャックがりんごを持ってくると、レイチェルは頼んだにもかかわらず手をつけようとはしない。代わりにジャックは自分のりんごにガブリと齧りつく。元からレイチェルの目的は、彼にりんごを食べさせることにあったのだろう。甘い果実に気を緩めたのか、ジャックは小さな声でレイチェルに「さっきの話の続きをしてほしい」とお願いし、さりげなく彼女の手に自分の手を重ねてみせる。レイチェルもまた優しい声で話の続きを教えてあげる。両親を失ったジャックが、初めて心を許せる大人に出会えた瞬間だ。レイチェルが彼にあげた小さなりんご。そのさりげない優しさは、豪華な食事と美味しそうなアップルパイを用意し、代わりに秘密を打ち明けるよう迫ったパウエルとは正反対だ。

パウエルという男が何より恐ろしいのは、ただ凶暴だからではない。いつもかすかな笑みを浮かべる姿は柔和で穏やかそうに見える。だが実際には蛇のようなずる賢さを持ち、弱さを抱えた女性たちの心につけ入り利用する。彼の倒錯した雰囲気がまた女たちをどうしようもなく惹きつけるのだ。人の恐怖心や孤独な心をすぐに見抜く力を持ったパウエルは、どうすれば人を自分の意のままに操れるのかをよくわかっている。

パウエルは決して金を諦めようとせず、レイチェルの家に住む思春期の少女をうまく利用すると、まんまとジャックとパールを見つけ出す。一度は彼らの父親を名乗り引き取ろうと目論むが、レイチェルはそんな手には騙されず、断固とした態度で彼を追い返す。しかたなく、日が落ち、暗くなるまでじっと家の外で待ちつづけるパウエル。子どもたちは、家のなかに閉じこもりながら、まるで蛇に睨まれた蛙のように恐怖と不安に震えている。大事な子どもたちを守ろうと、レイチェルは小さな体に銃を抱えると、力を振り絞りこの悪魔のような男と対峙する。

緊迫した一夜を過ごした後、ようやくパウエルは逮捕され、ジャックとパールに平穏な日々が戻ってくる。それなのにジャックの顔は浮かないまま。まだほんの子どもだというのに、目の前で父親が逮捕され、たったひとりで小さな妹と父との約束を守ろうと奮闘してきたのだ。凄まじい恐怖を味わった彼は、簡単には無邪気な子どもに戻れない。

やがてクリスマスになり、子どもたちはおおはしゃぎ。ジャックも言葉には出さないが、初めて穏やかに過ごせるクリスマスを心待ちにしているようだ。だが女の子たちがレイチェルに贈り物を用意していると知り、何も用意していないジャックは慌ててしまう。もちろんレイチェルは贈り物がなくたって構わないと言うだろうが、やはり自分も何かを贈りたい。そう思ったジャックは、隣の部屋であるものを布に包むと、みんなの最後に、そっと差し出してみせる。それは、いつか彼女と打ち解けるきっかけになった小さなりんご。レイチェルの顔に今にも泣き出しそうな笑みが浮かぶ。クリスマスに贈られたりんご。その意味が、ジャックとレイチェルにはよくわかる。彼らはついに本当の家族になったのだ。

善と悪との間を彷徨う男たち

『アダムズ・アップル』（二〇〇五年、デンマーク）

監督：アナス・トマス・イェンセン
出演：マッツ・ミケルセン、ウルリッヒ・トムセン

映画のなかで、私たちは知らず知らずにりんごの姿を目にしている。食卓の上に当然のように置かれていることもあれば、登場人物がランチやデザートに齧りつくこともある。アメリカの学校の教卓には、しばしばりんごやそれをモチーフにした置物が置かれている［152頁］。あまり見かけないように思える日本映画でも、探してみると案外とりんごが登場するはず。では他のアジア映画ではどうだろう。中国の

ジャ・ジャンクー監督『罪の手ざわり』（二〇一三年）では、男が自分の子ども相手にナイフでりんごの皮を剝き、食べさせてあげる場面が出てくる。別の場面では、飛行機に乗ろうとした男が空港警備員に「ナイフは機内に持ち込めませんよ」と注意され、「これがなければ旅先でどうやってりんごを食べたらいいんだ」と文句を言っていて可笑しくなった。果物ナイフを持参すれば、たしかに旅先でその土地の新鮮な果物を食べられる。この映画には、否応なく犯罪や暴力に導かれる人々が登場するが、ちょっとしたシーンにふっと日常風景としてのりんごが登場し、そのたびに少しだけ心が緩む。

同じく、デザートとしてのりんごと恐ろしい暴力とが不思議に混ざり合うのが、『アダムズ・アップル』。『罪の手ざわり』とはまったく違うダークコメディだが、こちらもかなり理不尽な暴力に溢れた映画だ。

舞台はデンマークの田舎町。刑務所から仮釈放されたばかりのアダム（ウルリッヒ・トムセン）は、スキンヘッドに鍛えた肉体という見た目を持つ危険なネオナチズム信奉者。そんな彼を牧師のイヴァンが身元引受人として自分の教会に受け入れる。イヴァン役を演じるのは、最近ではハリウッド大作でも活躍するデンマーク出身の人気俳優マッツ・ミケルセン。人里離れた教会をひとりで運営するイヴァンは、アダムのような仮釈放中の者たちを教会に住まわせ更生までの面倒を見ているらしい。だがアダムにはまったく更生の意思はない。非白人や移民への差別心を隠そうともせず、与えられた部屋にすぐにヒトラーの写真を飾る始末だ。

仮釈放中の受刑者が日常生活に戻るためには、教会での更生プログラムに参加するしかない。不本意ながらもプログラムに従うアダムは、イヴァンから「ここにいる間に君が取り組むべき目標は？」と尋ねられ、「教会の庭に生えているりんごを使ってケーキをつくることだ」と適当な答えを返す。どう考えてもその場しのぎの答えにすぎないのだが、イヴァンは満足そうに頷き「君がアップルケーキをつくれるよう応援しよう」と快活に答える。

教会の庭の木には、少し黄色がかった赤いりんごがたっぷりと実っている。デンマークではりんごがよく食べられていて、デザートだけでなく食事にもたくさん使うという。煮込んだりんごをスープにしたり、炒めて肉料理に添えたり、ときにはジャム状にした煮りんごにミルクをかけて朝食にもする。映画には残念ながら調理場面は出てこなかったが、皮を剝かずそのまま齧りついたり、ナイフで小さく切って食べたりしている様子が見られる。ちなみにデンマークでよく食べられる伝統的なりんごのケーキは、オーブンで焼かずにつくるスタイルのようだが、アダムがつくろうとするのは、しっかりとオーブンで焼いたケーキ。パイではなくケーキ、と言うからには普通のアップルパイとはまた違うのだろう。

そのはじまりから、悪人アダムが善人イヴァンに導かれて更生し最後は見事に美味しいアップルケーキをつくりあげる……という感動物語をまず想像した。だがどうも様子がおかしい。原因はイヴァンのキャラクター。つねに明るく前向きだが、アダムの話をろくに聞かず話を進めていく彼は独善的に見え、善行を施す敬虔な聖職者のイメージにはそぐわない。教会で暮らす前科者たちも奇妙な者ばかりだ。「彼らは無事更生した」というイヴァンの言葉とは裏腹に、パキスタン移民のカリド（アリ・カジム）は明らかに何らかの犯罪を企てているし、元天才テニスプレイヤーだという料理担当のグナー（ニコラス・ブロ）はつねに酒を飲み、たちの悪い盗癖を隠そうともしない。いったいこの教会はどうなっているんだと、観客はもちろん、悪党のアダムですら戸惑いを隠せない。

アダムは教会での更生プログラムを適当に切り上げ、再びネオナチの活動に戻ろうと企んでいる。だがケーキをつくろうと決めたとたん、順調に育っていたはずのりんごの木に次々とトラブルが襲いかかる。まずはカラスの襲撃。カラスの大群が木に集まりりんごの実を食い荒らしてしまう。なんとかカラスを追い払ったかと思えば次は虫の襲撃。ケーキを焼くオーブンが突然故障し、さらに次は……というように次々に問題が発生し、アダムのアップルケーキ計画は遅々として進まない。もともとケーキづくりなどどうでもいいアダムは、怪訝に思いながらも事態を重く見ていない。一方イヴァンは「これは悪魔の仕業だ。君がケーキをつくるのを邪魔しているんだ」と神妙に語る。つまりアダムがアップルケーキをつくり更生するのを邪魔するため悪魔が数々の試練を課している、というわけだ。「さあ一緒に悪魔の試練を乗りこえてケーキをつくろうじゃないか」と説教するイヴァンの話を、アダムはばかげていると鼻で笑い飛ばそうとするが、たしかにこれほどりんごの木にばかり災厄が降りかかるのも妙だと首をかしげる。

イヴァンには、すべてを悪魔の仕業にすると同時に、目の前で起きた現実を認めないという奇妙な性質がある。アダムや他の前科者たちが更生していないことは誰の目にも明らかなのに、イヴァンだけが、事態はすべて順調だと強引に言い張ってみせる。その様子は前向きで楽観主義と言えなくもないが、それにしても彼の快活さは異常なほどで、最初は笑っているこちらでさえ次第に不気味に思えてくる。どうやら彼には壮絶な過去があり、不幸な境遇を生き延びるために、現実の見たい部分だけを見る奇妙な術を身につけたらしい。アダムはイヴァンの度が過ぎた前向きさに苛立ち、彼に現実の悲惨さを認めさせようと躍起になる。だがアダムが何を言ってもまったく話が通じない。

ただひたすらに神を信じ、現実を直視しようとしないイヴァン。神も他人も信じず、暴力とファシズムを頼りに生きてきたアダム。一見すれば、イヴァンはか弱い善人でアダムは屈強な悪党だ。でも不思議なことに、物語を追ううちに、つねに潑剌としたイヴァンの顔がだんだんと恐ろしく見えてくる。それは、イヴァン役を演じるマッツ・ミケルセンに、他の数々の出演作で見せる冷酷な悪役のイメージがつきまとうせいなのか。

ついには、イヴァンやカリド、グナーたちとの嚙み合わない会話に「お前たちの言ってることはおかしい」と指摘するアダムこそ一番まともな人間に思えてくる。もちろんナチスを信奉しすぐに暴力を振るう彼が悪党でないはずはないし、右の頰を打たれて左の頰を突き出すイヴァンはキリストの教えに従う善人のはず。道理の通らないイヴァンの言動に振り回されるうちあらゆる価値観が入れ替わるようで、何が正しく何が間違いなのかこちらの頭もこんがらがっていく。混乱のなかで、イヴァンがなぜ現実を直視しようとしないのか、その明るさの裏に隠された苦悩が徐々に見えてくる。

映画からは、キリスト教をモチーフにしたテーマが読みとれる。たとえば「アダムのりんご（adam's apple）」というタイトルは『旧約聖書』にある「アダムとイヴ（エバ）の物語」を思い起こさせる。英語で「adam's apple」は喉仏を意味するが、これはアダムがりんごを食べて喉にひっかかりそのままになった、という由来からだ。

牧師であるイヴァンは、神や悪魔といった言葉をたびたび口にする。『旧約聖書』の「ヨブ記」が映画の重要なテーマであることも間違いないようだし、キリスト教的テーマで読みとけば、この映画の不思議さがより解明できるはず。でも宗教的な知識がなくても、ブラックユーモアに満ちたドタバタ喜劇を十分に楽しめる。もちろん、ここには笑えないほど過激な暴力が溢れている。イヴァンは何度も手ひどく殴られるし、誰もが簡単に銃をぶっ放す。教会にはアダムの仲間であるネオナチ軍団が押しかけ、りんごの木とオーブンには次々と激しい災厄が襲いかかる。だがそのどれもが妙に間が抜けていて、呆れながらも笑ってしまう。

噛み合わないアダムとイヴァンの会話はどうすれば成立するのか。教会の未来はどうなるのか。果たしてアダムのアップルケーキは無事に出来上がるのか。アダムたちの奇想天外なケーキづくりの騒動を見ていると、善と悪という単純な見方はどこかへ行ってしまいそうだ。何より、映画を見終えると無性にアップルケーキが食べたくなる。できればそれほど甘すぎず、少し酸味の残る小さなケーキがいい。『アダムズ・アップル』自体、温かくもどこかほろ苦さを残す小ぶりな映画だから。

禁断の果実が導く
ロマンティックコメディ

『レディ・イヴ』（一九四一年、アメリカ）
監督：プレストン・スタージェス
出演：バーバラ・スタンウィック、ヘンリー・フォンダ

りんごと聞くと、多くの人が「禁断の果実」のイメージを思い浮かべるはず。手を出してはいけないのに、どうしても手を出さずにいられない。艶かしく誘ってくる真っ赤に輝く丸い果実。起源は、有名なアダムとイヴの物語。ふたりが暮らすエ

デンの園には唯一絶対の掟があった。「何を食べてもいいが、この果実だけは食べてはいけない」。禁じられたのは、真っ赤なりんご。だがある日、邪悪な蛇にそそのかされ、ふたりはついにりんごを口にしてしまう。その結果、アダムとイヴは神の怒りを買い、楽園を追放される。

旧約聖書に記されたこのアダムとイヴの伝説は、映画や小説など、さまざまな物語で使われてきた。実際にはいろんなバージョンの話があるようだが、りんごは誘惑の象徴であり、その誘惑を後押しする悪の使いが蛇、というのが一般的なイメージだろう。単に美味しい果実を勧めただけで悪者にされてしまった蛇が、少々かわいそうではあるけれど。

りんごがラブストーリーにおいて多用される理由はよくわかる。誘惑のイメージを背負った果実は、恋の駆け引きのアイテムにぴったりだから。一九四〇年代のハリウッド製恋愛映画『レディ・イヴ』もまた、りんご＝禁断の果実としての物語を巧みに取り入れた、最高のロマンティック・コメディだ。主人公は、父と共に各地でいかさまをして暮らしている詐欺師のジーン（バーバラ・スタンウィック）と、アメリカ一のビール（正確にはエール）会社の御曹司で、蛇の研究に夢中なチャーリー（ヘンリー・フォンダ）。手練れの女詐欺師と世間知らずの御曹司の組み合わせとくれば、おもしろくならないわけがない。豪華客船を舞台に、凸凹コンビは抱腹絶倒のドタバタ喜劇をくりひろげる。

何よりアニメーションで始まるオープニングシーンがいい。シルクハット姿の蛇のキャラクターが木の茂みから登場すると、りんごの形を模したタイトル文字「THE LADY EVE」を掲げてみせる。ユーモラスなオープニングから、この映画が「誘惑」をテーマにした物語であること、イヴという名前の女性が登場し恋の駆け引きを行うことが示される。

ただしヒロインの本名は、イヴではなくジーン。石油王の父を持つ裕福な令嬢を装うジーンは、父や仲間とともに豪華客船で旅をしている。もちろん真の目的は旅行ではなく、いかさま賭博のカモを見つけ、お金を稼ぐこと。そこにやってきたのが、世間知らずのチャーリー。南米のアマゾンで長らく珍しい蛇を探す日々を送っていた彼は、久々に家に帰ろうとボートから船に乗り込んでくる。その様子を船のデッキから眺めていたジーンは、彼こそ絶好のターゲットだと見定め、食べていたりんごを彼の頭に落としてみせる。りんごに頭を直撃されたチャーリーはびっくり。わけがわからず慌てる彼の様子が、ジーンにはおかしくてたまらない。

ジーンがチャーリーの頭にりんごを落としたのは何のためだろう。詐欺のカモに印をつけるためか、単なる悪戯心か。どちらにせよ、りんごによって誘惑する女性の姿は、アダムとイヴの有名な伝説を否応なく思い出させる。この映画でりんごが出てくるのは、オープニングのアニメーションと、ジーンによるりんごの落下シーンだけ。けれどこの最初の落下シーンは実に印象的だ。りんごから始まり蛇によって演出される恋の駆け引きなんてめったにない。

チャーリーは魅力的なジーンにすぐに夢中になるが、女性慣れしていない彼は、奔放な彼女に翻弄されっぱなし。ジーンのほうはといえば、こちらもずれた性格のチャーリーを相手に悪戦苦闘。部屋で誘惑するはずが、彼が飼っている蛇を見せられ、悲鳴をあげ船内を駆けまわるはめに。それでもどうにか仲良くなったふたりは、翌日、一緒に朝ごはんを食べ、急速に心を通わせる。

しかし事態は思わぬ方向へ動き出す。最初はチャーリーをいいカモにしようと目論んでいたジーンだったが、彼が本気で結婚を考えていると知り、自分もまた彼に心から惹かれていることに気づくのだ。チャーリーから金を巻き上げようとする父を巧みに阻止し、彼女は彼と本当に結婚しようと決意する。だが、詐欺師親子の正体がバレ、船の到着とともに彼女たちの関係は破局を迎えてしまう。

一方的に別れを告げられたジーンは、怒りのあまり彼への復讐計画を練りはじめる。そしてついにイヴが登場する。イギリスの令嬢（レディ）・イヴにまんまと化けた彼女は、チャーリーの豪邸で開かれるパーティーに参加し、素知らぬ顔で彼と対面する。当然、ジーンと瓜二つのイヴを目にしたチャーリーは仰天する。だがイヴはジーンの腹違いの妹なのだという真っ赤な嘘を信じ込み、彼女に夢中になる。こうして瞬く間にチャーリーとレディ・イヴの結婚話が進んでいく。

ここからイヴ／ジーンの復讐劇の仕上げが始まる。盛大な結婚式をあげ、ハネムーンの汽車に乗り込んだ夜。狭い汽車の部屋で、チャーリーの頭の上に彼女の荷物が落下した瞬間、イヴ／ジーンは思わず笑いが止まらなくなる。彼女が以前、船のなかで彼の頭にりんごを落としたことを思い出しているのは間違いない。それを打ち明ける代わりに、新婦は、ある告白を始める。その内容に、新郎は目を白黒させ、やがて顔がどんどん青ざめていく。

何より楽しいのは、映画の尋常ならざるスピードの速さ。九七分という上映時間内で、ジーンとチャーリーの出会いと破局、イヴとチャーリーの出会い（再会）と結婚、二度目の破局、そしてまた……と、ものすごいスピードで物語が展開していく。そこに、イヴ／ジーン役を演じるバーバラ・スタンウィックの楽しい早口が重なり、見ているこちらは息つく間もなくこの怒涛の恋愛模様に引き込まれる。

バーバラ・スタンウィックという女優は、よくよくりんごに縁があったらしい。というのも、『レディ・イヴ』と同年に製作された『教授と美女』（ハワード・ホークス監督）でも、彼女は世間知らずなお堅い教授（ゲイリー・クーパー）を誘惑する、謎の美女オ・シェイ役を演じ、りんごについて興味深いことを言っているからだ。七人の仲間たちと一緒に長年百科事典づくりに勤しむ教授は、クラブでの歌とダンスが大人気なオ・シェイに、ぜひ自分たちが知らない現代の俗語を教えてほしいと頼み込む。最初は相手にしない彼女だが、自分がある殺人事件の重要参考人として手配されたのを知り、しばらく身を隠すため教授たちの家に押しかける。事典づくりに協力するからここに泊めろと強引に迫る彼女に、教授たちは「ここは女性禁制で……」と慌てふためく。そんな彼らに、彼女は笑ってこう言う。「りんごが頭に落ちてきたことで素晴らしい発明をしたのは誰（もちろんニュートンのこと）？　私のこともりんごだと思ってちょうだい」。

『レディ・イヴ』で、初のコメディ映画への出演となったヘンリー・フォンダのおとぼけぶりもおかしい。彼は頭の上にりんごや鞄を落とされるだけでなく、何度となくものに躓《つまず》いては転倒しつづける。チャーリーはよそ見をしては派手に転び、汚した服を着替えてはまた転び、をくりかえす。そのしつこさに、可哀想に思いながらも笑いが止まらなくなる。そしてジーンとチャーリー、それぞれの父親役を演じているのは、チャールズ・コバーンとユージン・パレット。彼らは、私の大好きな映画『天国は待ってくれる』（エルンスト・ルビッチ監督、一九四三年）でやはり主人公夫婦の父と祖父役をチャーミングに演じていた。

悪巧みがよく似合うイヴ／ジーンと、同じ顔をしたふたりの女性に誘惑され、翻弄されつづけるチャーリー。りんごと蛇によって始まった物語は、たくさんの罠と誘惑に満ちている。彼女が詐欺師＝犯罪者であることを考えれば「禁断の恋」ともいえるふたりの関係は、どこまでも混乱を極めていく。最高のドタバタ喜劇のラストを飾るのは、オープニングと同じくアニメーションで、シルクハット姿の蛇とりんごを象《かたど》った「THE END」の文字だ。

真っ赤な靴と赤い唇の女の子

『オズの魔法使』（一九三九年、アメリカ）

監督：ヴィクター・フレミング
出演：ジュディ・ガーランド、レイ・ボルジャー 他

『オズの魔法使』を初めて見たのは、たしか小学生のころだった。主人公の少女ドロシーがセピア色の嵐を抜けたとたん、色に溢れた世界が突然姿を現し、呆気に取られるドロシーと一緒に、私もまたその色彩の饗宴ぶりに呆然と魅入ってしまった。

一〇歳のドロシーがひょんなことからオズの魔法の国に迷い込むこのおとぎ話は、児童文学からミュージカルまで、世代を問わず多くの人々に長年愛されてきた。脳

みそを欲しがるカカシ。心臓が欲しいと願うブリキ男。勇気を望むライオン。そして大好きな家族が待つ家に帰りたいと望むドロシーは、オズの魔法使いを訪ねて旅に出る。映画版では、ドロシーがカンザスで暮らす様子はモノクロ（セピア）で、オズの国はカラーで映され、不思議の国オズの色鮮やかな様子が際立つよう工夫されていた。その手法に、私はまんまと驚かされたのだ。

オズの魔法使いが住むエメラルドの都へ向かう途中、ドロシーはカカシと出会い、彼と旅の仲間になる。陽気に歌いながら歩くふたりは、やがて見事に実ったりんご畑に遭遇する。お腹を空かせたドロシーは大喜びでりんごをもごうとするが、突然、どこからか怒りに満ちた声が響く。「勝手にそんなことをして、ただで済むと思うのか!?」いったい誰が、と慌てて周囲を見渡すも誰もいない。たしかに声が聞こえたはずなのに、とふと目を上げると、りんごの木がじっとこちらを睨みつけている。声の主は、りんごの木そのものだったのだ。「誰の許しを得て他人の物を盗むんだ」と責めるりんごの木を相手に、幼いドロシーは動転するばかり。「ごめんなさい、あんまり美味しそうだったものだから……りんごを食べたいときはどうしたらいいの?」と尋ねるが怒れる木々は聞く耳をもたない。そこでカカシが機転を利かせ、わざと挑発的な言葉を投げかける。すると怒りに燃えた木々は「さっさといなくなれ」とばかりにりんごを投げつける。おかげでドロシーたちはまんまと美味しいりんごを手に入れるというわけだ。ふたりは真っ赤なりんごを片手に、「りんごの木の下で」を歌いながら畑を後にする。

『オズの魔法使』にりんごが登場するのはこのワンシーンのみ。それでも、この映画全体のなかでりんごが強い印象を残すのは、やはり色のせいだろう。赤、青、緑、黄、ここには鮮やかな色が溢れかえっている。オズの魔法使いが住むのは、エメラルドグリーンに覆われた街。ドロシーたちが歩くのは黄色いレンガの道。水色のワンピースを着たドロシーの足にはルビーの真っ赤な靴。竜巻でとばされた家の下敷きになった東の魔女から奪った魔法の靴で、これを履いたがゆえに、ドロシーたちは西の魔女に狙われている。ドロシーの唇を覆う赤い口紅も印象的だ。こんな華やかな世界で赤々と輝くりんごが登場したら、ドロシーでなくても思わず手を伸ばしてしまいそう。

話は変わって、二〇二〇年のアカデミー賞授賞式のこと。ポン・ジュノ監督の『パラサイト　半地下の家族』（二〇一九年）の四冠制覇（作品賞・監督賞・脚本賞・国際映画賞）でおおいに沸いた授賞式だったが、主演女優賞を獲得したのは、『パラサイト』ではなく、ジュディ・ガーランドの伝記映画『ジュディ　虹の彼方に』（ルパート・グールド監督、二〇一九年）に主演したレネー・ゼルウィガーだった。子役としてデビューし、一九六九年に四七歳の若さで亡くなるまで、映画俳優・歌手として四〇年以上にわたって活躍したジュディ。この伝記映画は、彼女が亡くなる半年前、一九六八年冬のロンドンでのツアーの様子にスポットをあてる。

ジュディ・ガーランドの名前を一躍有名にした作品こそ、『オズの魔法使』だった。彼女はドロシー役を見事に演じ、ハリウッドの歌って踊れる名子役として名を馳せる。その後も一時期結婚していたヴィンセント・ミネリ監督の『若草の頃』（一九四四年）や『踊る海賊』（一九四八年）、『イースター・パレード』（チャールズ・ウォルターズ監督、一九四八年）などヒット作に数々出演した。『スタア誕生』（ジョージ・キューカー監督、一九五四年）ではアカデミー賞主演女優賞にノミネートされるもまさかの落選。だがその演技力は周囲から絶賛された（本作は二〇一八年にレディ・ガガ主演の『アリー／スター誕生』としてリメイクされた）。一方で、彼女にはつねに悪評がつきまとった。原因は、遅刻常習癖と浪費癖。五度の結婚も悪い噂に拍車をかけたかもしれない。やがて映画会社から見放された彼女だったが、歌唱力を生かし、晩年はツアーやコンサートに活路をひらく。心身共に疲れ果てた彼女を支えたのは映画時代からの根強いファン。ジュディもまたファンに大きな希望を与えた。生前、同性愛者たちから絶大な人気を誇った彼女は、今もゲイ・アイコンでありつづけている。

『ブリジット・ジョーンズの日記』（シャロン・マグァイア監督、二〇〇一年）などのヒット作で知られるレネー・ゼルウィガーが演じたジュディは、冒頭からひどく疲れた顔をしている。周囲の心ない噂。溜まる一方の借金。愛する子どもたちの親権をめぐる元夫との諍《いさか》い。さまざまな問題が小さく痩せた体にのしかかり、困り果てた彼女はロンドンでのツアーに出ることを承諾する。ここでお金を稼げれば、家を買い、子どもたちと一緒に落ち着いた生活を送ることができるはず。そんな希望を胸に、彼女は単身ロンドンへ向かう。だが事はそううまくは運ばない。ロンドンでのツアーをスタートさせたジュディは、圧倒的なパフォーマンスで観客を魅了するが、もともと不安定だった精神状態はますます悪化していく。薬とアルコールに頼り、またも遅刻癖がぶりかえす。その様子を、世話係に任じられた女性ロザリン（ジェシー・バックリー）は、ときに心配そうに、ときに苛立ちながら見守っている。

基本的にツアーでの時間が中心となるこの映画のなかで、ときおり、ジュディの若き時代のエピソードが挿入される。なかでも目を引くのは、一六歳で出演した『オズの魔法使』撮影時のできごと。だが『ジュディ』で描かれる『オズの魔法使』

の撮影エピソードは悲惨きわまりない。実は、ジュディが演じたドロシーの役にはもともと、すでにスター子役であったシャーリー・テンプルが予定されていたという。おまえはシャーリーほど可愛くもないし歌もうまくない、しかも体型は太り気味、それでもこんなにいい役を与えてあげたのだから、さあ私たちのために精一杯働くんだ。そんな酷いことを映画会社の社長から言われつづけたジュディ。ダイエットと過密労働のため、一〇代のころからドラッグを飲まされてきた彼女が、そのために後年苦しむはめになったのは有名な話。

真っ赤なルビーの靴を履き、可愛らしいおさげを結った少女は、きらびやかな映画の世界にいてもちっとも幸せそうに見えない。幼いジュディは、いつも不安そうに目を泳がせている。お願いだからもう少しだけ寝かせて。好きなようにごはんを食べさせて。友だちくらい自分で選ばせて。そんな小さな願いすら大人の都合ですべて握りつぶされる。少女は、やり場のない怒りと悲しみをひとり抱え込む。そうして、大人になったジュディは長年溜め込んだ怒りと悲しみによって苦しみつづける。あれほど陽気で幸福でカラフルなおとぎ話の裏側には、こんなにも残酷な物語が隠されていたのだ。理不尽な目に遭い、傷つき疲れ果てたジュディ。もしかすると、ゲイの人々が彼女を熱狂的に支持したのは、他人によって人生を奪われた、その残酷な運命に深く共感したからかもしれない。彼らもまた、理不尽に差別され、他人によって人生を奪われた人たちだ。

傷つき、ぼろぼろになったジュディが、それでも立ち上がり、ステージの上では堂々とパワフルな歌声を響かせる。彼女とファンたちとをつなぐのは、強い絆と、「オーバー・ザ・レインボー（虹の彼方に）」。『オズの魔法使』でジュディが歌っていた曲だ。ここではないどこかでならきっと誰もが幸せになれる、と彼女は歌う。『オズの魔法使』の最後、ドロシーは「ここではないどこか」ではなく「ここ」にこそ幸せはあったのだと気づく。同じように、ジュディもまた、今ここにある幸せを見つけることができただろうか。その答えはわからない。でもジュディの唇はいつだって真っ赤に光り輝いていた。

笠智衆はひとり、りんごの皮を剝く

『晩　春』（一九四九年、日本）
監督：小津安二郎
出演：原節子、笠智衆

最近、過去に見た映画を見直すことが増えてきた。というより、昔見たはずの映画が思い出せなくなってきた。それで、映画について書いたり考えたりする際に、もう一度ＤＶＤや配信で、あるいは名画座で見直さざるを得ないのだ。再見するとわかるのは、過去の記憶はまるで役に立たないということ。こういう映画だったよね、という自分の記憶はたいてい間違っていて、いったい何を見ていたのかと我ながら呆れてしまう。

記憶違いだけではない。たしかに覚えがあるシーンや物語なのに、過去に見たときとはまったく別のものに見えてくる。悲しい場面だと思っていたのに、改めて見るととても楽しい場面に感じたり、軽いコメディのはずがこんなに寂しい話だったのかと驚いたりもする。映画は、見たときの自分の年齢や環境、気分によってびっくりするくらい変わってしまう。嫌いな映画を好きになることもあれば、大好きだったはずなのに今は全然心が動かない、なんてこともある。

私が数年前に見直してみて、がらっと感想が変わった映画は、小津安二郎監督の『東京物語』（一九五三年）。初めて見たのは大学生のとき。夏、広島の尾道からはるばる東京へ遊びに来た老夫婦。東京に住む子どもたちを訪ねるのが旅の目的だったはずが、子どもたちはみな忙しく、邪険にされてしまう。戸惑うふたりを優しく歓待してくれたのは、原節子演じる亡き次男の妻だけ。やがて母とみ（東山千栄子）が突然亡くなり、子どもたちは慌てて葬式に集まるが、ここでも長男（山村聡）や長女（杉村春子）はさっさと遺産の話を始めたりする。笠智衆《りゅうちしゅう》演じる残された父周吉は、寂しげにその様子を見つめている。
最初は、どうもこの映画を好きにはなれなかった。老夫婦が実の子たちに冷たくされ、本当に優しいのは他人である義理の娘だけだなんて、なんだか学校で教えられる教訓話みたい、と思った。けれど久々に見直すと、これが全然違う映画に見えてきた。自分が歳をとったからなのか、描かれる出来事がどれも身近に感じられ、出てくる人たちみんなに親近感が湧いてきた。身勝手で冷たいと思っていた子どもたちは、ただ自分の仕事や家族のことで手一杯なだけ。母親が危篤状態に陥っても涙ひとつ流さず、「一応喪服も持って行こうか。使わなきゃ使わないでいいんだからさ」なんて言ってのける杉村春子演じる長女だって、昔見たときには「なんて薄情な人」と思えたけれど、今では「まあそういうこともあるよね。葬式をするには心の準備だって必要だし」としんみりしてしまう。感想ががらりと変わったのは、きっと自分がこの子どもたちの年齢に近くなったからだ。数十年後、この両親の年代になれば、また別の見かたができるかもしれない。

小津の映画でもうひとつ、実はずっと苦手に思っていた作品がある。一九四九年に撮られた『晩春』。小津安二郎が初めて原節子を起用し、脚本家の野田高悟《こうご》と初めてコンビを組んだ映画。『晩春』は、北鎌倉に暮らす大学教授の父周吉（笠智衆）と、その娘紀子（原節子）の物語。母を亡くして以来、父とふたりきりで暮らす紀子を心配し、周囲はしきりに結婚を勧めるが、本人にその気はない。最初はのんきに構えていた周吉も、妹にうるさく言われるうち、このまま娘が結婚せずにいたらどうなるか、と心配になってくる。仕方なく、「自分は再婚を考えているから、お前も早く結婚して家を出ていったほうがいい」と嘘をつき、紀子に見合いを勧める。

紀子は、戦時中、栄養不足から体を壊していたらしいが、今ではすっかり元気になり、北鎌倉での父とのふたり暮らしに心から満足しているようだ。彼女は、妻を亡くしてから仕事一筋で生きる父を敬愛している。やはり妻を亡くした父の友人が最近再婚したのを聞くと、「不潔よ」「汚らしいわ」と言い放ち、自分の父は絶対にそんなことはしない、と信じて疑わない。だからこそ、父が再婚を考えているらしいと知ると、激しく動揺し、家から飛び出してしまう。

結婚を渋る娘と、周囲に促され娘の結婚に焦り出す父。この物語は、小津監督の遺作となった『秋刀魚の味』（一九六二年）にも引き継がれる。ここでは娘の結婚を心配する父を笠智衆が、娘役は岩下志麻が演じている。『秋日和』（一九六〇年）では、これを母と娘に置き換えてやはり同じ物語が語られる。夫を亡くし、ひとりで娘を育ててきた母親を演じるのは原節子。司葉子演じる娘に結婚をさせるため、母は再婚をほのめかし、娘はそんな母に失望と怒りを感じながらも、新生活へと一歩踏み出していく。

『秋刀魚の味』や『秋日和』は好きなのになぜ『晩春』が苦手だったのか、理由はふたつ。ひとつは、紀子が父親を慕い、固執するさまが少し不気味に思えたから。見合いをした後も「私はお父さんとずっとふたりで暮らしたいんです」と涙ながらに訴えたり、父の再婚相手（実は勘違いなのだけれど）を嫉妬に満ちた目で睨みつけたり、どうしてこれほど父親に執着するのかよくわからなかった。

もうひとつは、紀子が盛んに結婚を急かされる様子に辟易してしまったせい。舞台は戦後間もない日本。女性はみな結婚し、主婦、そして母になるのが当然だと思われていた時代。二〇代半ばの紀子は、職業婦人でもなく、家で父親の世話をしているだけ。まわりが心配するのは当然といえば当然だが、それにしても、本人にその気がないのに「とにかく結婚しさえすれば」とか「もういいかげん（嫁に）行かせなきゃ」とか周囲は勝手なおせっかいばかり。これでは紀子が物扱いじゃないかと、見ていてイライラした。

けれど久方ぶりに見直してみると、こちらもずいぶんと見えかたが変わってきた。

物語自体は同じなのに、以前は目に入らなかったいろんな細部に惹かれたのだ。たとえば同級生で親友同士の紀子とアヤ(月丘夢路)の関係。アヤは、一度恋愛結婚をしたものの離婚をし、今は仕事をしながら東京で暮らしている。家にアヤが来たと知ると、紀子は大喜びで彼女を迎え、早く早くと、自室のある二階へ引っ張っていく。いつもは「おい、お茶」なんて威張って命じている周吉も、若い女たちが集まると、その溌剌さにすっかり気圧されてしまう。ふたりをもてなそうと、慣れないティーセットを用意しておそるおそる二階へ上がってくるさまが妙におかしい。

アヤといるときの紀子は子どもみたいだ。アヤもまた、紀子相手に言いたい放題で、父や叔母と同じように、なぜさっさと(お嫁に)行かないのかと紀子をけしかける。ただしふたりのやりとりはもっとさっぱりしている。「いつ行くのよ、あんた」「行かないわよ」「行っちゃいなさいよ早く」「いやよ」「行っちゃえ行っちゃえ」と笑顔でやり合い、しまいには、離婚歴があるアヤに紀子が「出戻り!」なんて悪態をつく。アヤの方は、自分はまだワン・アウトでこれから大ヒットを打つ予定だと澄ました顔で答えてみせる。仲がいいからこその軽口はただただ楽しくて、紀子はこんなにもユーモアのある人だったのだと初めて気がついた。

なぜ紀子がこれほど結婚を嫌がっていたのか、その理由も、以前とは違う捉えかたをしたくなってきた。父への執着と思われた意固地さは、もしかすると、今の生活への愛着だったのかもしれない。紀子はいわゆる「家事手伝い」と呼ばれる立場だが、日々、充実した生活を送る自立した女性でもある。大学教授の父が書いた原稿を清書し、必要なものがあれば買い物へ行き、家では料理から客の相手までなんでもする。彼女は有能な秘書でありマネージャーなのだ。仕事が一段落すれば、友だちと遊んだり、美術館やコンサートに出かけたりもする。仕事をし、友人と遊び、自分の時間をもつ。そんな生活のすべてを彼女は心から愛している。いつか父親が亡くなっても、きっと彼女は、この家でのびのびと暮らしていくだろう。

紀子の結婚への拒否反応は、今の幸福を奪われることへの抵抗だ。なぜこの満ち足りた暮らしを捨て、見知らぬ男のもとに嫁がなければいけないのか。その問いに、誰も答えてはくれない。結婚をするのが普通だから。女は夫を持ち、子どもをつくるべきだから。実家で生涯独身のまま暮らすなんて、よほどの事情がなければ許されない。そんな「普通」の感覚に、紀子は異議を申し立てる。でも結局、彼女は唯一の味方である父に裏切られ、降参し、この家から出て行かざるをえなくなる。

これは父と娘の愛を描いた物語ではなく、若い女が自分の生活を守るため戦おうとする話だった。彼女は戦いに敗れてしまうけれど、最後まで精一杯の抵抗をし、結婚が本当に幸福と言えるのか、と私たちに疑問を投げかける。こんなふうに別の角度から眺めてみたら、苦手だと思った『晩春』という映画が断然好きになった。快活に笑い、怒り、ぽんぽんと言いたいことを言う原節子が、前よりずっと素敵に見えた。

映画は、原節子ではなく、父親役の笠智衆ひとりを映して幕を閉じる。娘の結婚式を終え、周吉はひとり北鎌倉の家へ帰ってくる。静かになった家のなかで、居間の椅子に座ると、彼は小さなりんごを手にナイフで皮を剝きはじめる。そろりそろりと皮を剝くうち、彼の瞳には涙がにじんでくる。愛する娘を手放し、これからはひとりで生きていくのだと、寂しさを嚙み締めているのだろうか。あるいは、強引に娘を結婚させ、家から追い出したことへの後悔の念に駆られているのかもしれない。娘の好きに生きさせる道だってあったはずなのに、なぜ自分は世間の声に屈してしまったのか。できればそんな悔いを抱えていてほしいと、私は願ってしまう。

ラストシーン。言葉は何ひとつ発せられない。ただ黙ってりんごを剝く老人を映し、物語は終わりを告げる。

ラブコメの女王はりんごがお好き？

『恋人たちの予感』（一九八九年、アメリカ）

監督：ロブ・ライナー

出演：メグ・ライアン、ビリー・クリスタル 他

先日、久々に一九九〇年代のラブコメ映画をいくつか見直した。ある雑誌から、「おこもり期間に見たい九〇年代の恋愛映画」というコロナ禍ならではのテーマで

原稿を依頼されたのだが、これを機になつかしい作品に再び出会えて、なかなか楽しい仕事だった。ジュリア・ロバーツの名前を一躍有名にした『プリティ・ウーマン』（ゲイリー・マーシャル監督、一九九〇年）や『ベスト・フレンズ・ウェディング』（P・J・ホーガン監督、一九九七年）。ドリュー・バリモアの可愛らしさが大人気となった『25年目のキス』（ラージャ・ゴスネル監督、一九九九年）。キャメロン・ディアスの魅力がたっぷりつまった『メリーに首ったけ』（ボビー&ピーター・ファレリー監督、一九九八年）。軽い笑いとともに恋愛模様を描き出すラブコメ（ロマンティック・コメディ）映画をつくりあげたのは、女優の力。彼女たちの笑顔やファッション、軽妙なおしゃべりが観客を夢中にさせ、ヒロイン役の女優が輝けば輝くほど、映画もまた光り輝いた。

八〇年代後半から九〇年代にかけて、ハリウッドのラブコメ市場に女王として君臨していたのが、メグ・ライアン。名作『めぐり逢い』（レオ・マッケリー監督、一九五七年）にオマージュを捧げた『めぐり逢えたら』（ノーラ・エフロン監督、一九九三年）をはじめ、数々のヒット作に出演、ラブコメ女優として大人気となった。ジュリア・ロバーツのようなゴージャスさとは違う、どこか親しみやすさを感じさせるのが彼女の魅力。くるくると動く瞳に、あひるのようにチャーミングな口元。カールした金髪を無造作に動かすショートヘアは、当時女性ファッション誌で「もっとも真似したいヘアスタイル」としてたびたび特集されていたのをよく覚えている。

実をいうと、私自身はずっとラブコメ映画が苦手だった。子どものときは派手なアクション映画やSF映画に夢中で、一〇代になると、いわゆる「おしゃれなアート映画」に惹かれていった。一九九〇年代後半は、東京ではウォン・カーウァイの映画や『トレインスポッティング』（ダニー・ボイル監督、一九九六年）、『ラン・ローラ・ラン』（トム・ティクヴァ監督、一九九八年）といったヨーロッパ映画がミニシアターを中心に大流行していたころで、青森で中学・高校生活を送っていた私には、そうした「アート映画」がキラキラして見えた。さらに雑誌で知ったゴダールやジャームッシュ、カウリスマキ［53頁］、ヴェンダース［250頁］などをVHSで見るのに忙しく、ハリウッド製ラブコメ映画には興味が向かなかったのだ。ラブコメなんてどうせハリウッドスターたちの軽薄な恋愛ごっこ、最後は必ずハッピーエンドだなんてくだらないおとぎ話だと鼻で笑っていた。今思うと、いかにも一〇代のいきがった感想で恥ずかしい。そんな私の偏見と思い込みを壊してくれたのが、公開から十数年遅れで見たメグ・ライアン主演の大ヒット作『恋人たちの予感』だった。

サリー（メグ・ライアン）とハリー（ビリー・クリスタル）という正反対の性格のふたりの二〇代から三〇代までの、一〇年近くにわたる物語。最初に出会ったときの印象は最悪。二度目の再会でもやっぱり悪印象。でも三度目の再会で意気投合したふたりは大の親友に。さてその友情は恋愛に発展するのかしないのか。この映画の何よりの魅力は、彼らの絶え間ないおしゃべりだ。ときに喧嘩や議論もしながらぺちゃくちゃとしゃべりまくるサリーとハリー。ギャグや皮肉を交えながら、ふたりは会話をすることで徐々に関係を変化させていく。ひたすら会話劇で紡いでいく様子がただもう楽しくて、そうか、ラブコメってこんなにおもしろかったのかと驚いた。それからというもの、私はすっかりラブコメの魅力に目覚めてしまった。

サリーは、ニューヨークに暮らし仕事もバリバリこなす素敵な女性だけれど、なんとも言えない厄介さも抱え持つ。そのひとつが、サリーの尋常でない「食」へのこだわり。それが露呈するのは、初めてハリーと出会い、一緒に食堂でご飯を食べたときのこと。店員にサラダとアップルパイ・ア・ラ・モードをオーダーしたサリーは、ぺらぺらと注文を続けていく。「アップルパイは温めて。だけどアイスクリームはパイの上じゃなくて横に添えてね。アイスはバニラじゃなくてストロベリーがいいんだけど、もし無いならアイスは無しにして代わりにクリームをのせてくれる？　でも缶入りのクリームしかないならクリームは無しでパイだけでお願い。あぁもしパイだけになるならそれは温めなくていいから」平然とした顔で注文を続けるサリーに、ハリーも店員も呆れ顔。本人は何がおかしいのかまったくわからず、彼らの反応に「何？　私の顔に何かついてる？」と困惑するばかり。その後も終始こうしたサリーの「強いこだわり」が登場し、ハリーと観客を笑わせてくれる。こうしたこだわり癖は、脚本を書いたノーラ・エフロン本人の特徴だったようで、監督のロブ・ライナーは初めてエフロンと食事をしたとき、ハリーと同じように呆れながら大爆笑したという。だけどサリーのめんどくさい一面も、ハリーの陰気な身勝手さも、やがてお互いを結びつける大切な絆となる。最後には、「サンドイッチの注文に一時間半かける君が大好きだ」なんて、最高のセリフが飛び出すのだから。

ところで、『恋人たちの予感』のアップルパイ・ア・ラ・モードをはじめとして、メグ・ライアンはりんごがお気に入りのようだ。たとえば『めぐり逢えたら』で演じた、ボルチモアで暮らす新聞記者アニー。彼女は眠れぬ夜、偶然ラジオから聞こえてきた、シアトルに住むシングルファザーのサム（トム・ハンクス）の話に興味を持つ。アニーはキッチンでひとり青りんごの皮を剥きながら、会ったこともない男の言葉に涙を流す。これまで愛なんて信じていなかったのに、亡き妻への思いを静かに語る彼の言葉に、初めて愛の存在を信じられたのだ。一方遠いシアトルの地では、サムが息子に語って聞かせる。「君のお母さんはいつだってりんごの皮を剝くのがうまかったんだ」。やがてサムの声が耳から離れなくなったアニーは、意を決してシアトルの彼に手紙を出す。そして今度はサムがその手紙に心を打たれ、ふたりはすれ違いながらもやがてニューヨークでめぐり逢う。

この『めぐり逢えたら』の主人公コンビが再び集結したのが『ユー・ガット・メール』（ノーラ・エフロン監督、一九九八年）。ここでのメグ・ライアンは、ニューヨークの片隅で小さな絵本専門店を営む女性キャスリーン役。トム・ハンクスは、同じ地区に進出してきた大型書店の経営者ジョーを演じる。商売敵のふたりは、互いに相手を嫌い合う。だが実はそれぞれが相手の正体を知らぬまま〝メル友〟になっていた、というのがこの映画のおかしなところ。物語自体は一九四〇年製作の映画『街角　桃色《ピンク》の店』（エルンスト・ルビッチ監督）のリメイクだが、喧嘩ばかりのふたりがいつのまにか惹かれ合い恋人同士に、という定番のラブストーリーは何度見ても楽しい。先に真実に気づくのはジョー。相手の正体を知った彼は、戸惑いながらも自分の本当の気持ちを理解する。自分を憎むキャスリーンの気持ちを少しずつほぐしていき、最後にようやく種明かしをする。まだジョーが正体を明かす前、彼らがニューヨークでデートを重ねるさまがまたいい。一緒に近所を散歩したり、朝市で買いものをしたり。ここでもメグ・ライアンは、買ったばかりのりんごにがぶりと齧りつく。

こうして見ただけでも、三つの映画でメグ・ライアンはりんごを食べている。アイスクリーム添えのアップルパイ、きれいに皮を剝いた青りんご、またあるときは皮を剝かずに齧りつく小ぶりなりんご。どうやらラブコメの女王は相当のりんご好きらしい。ところでこの三作品に共通する、もうひとりの人物がいる。監督、あるいは脚本家として、時代を象徴する名作ラブコメ映画を数々つくりあげたノーラ・エフロン。彼女こそ、『めぐり逢えたら』『ユー・ガット・メール』の監督であり、『恋人たちの予感』の脚本を手がけた重要人物だ。りんごが好物だったのは、実はこちらのラブコメの女王だったのかもしれない。

「りんごの画家」セザンヌと作家ゾラの友情

『セザンヌと過ごした時間』（二〇一六年、フランス）
監督：ダニエル・トンプソン
出演：ギヨーム・ガリエンヌ、ギヨーム・カネ

芸術家の伝記映画を見るたびに、こういう人たちと生活を共にするのは大変そうだな、と思ってしまう。もちろんそれは映画だからこそ思うこと。実際に芸術家がみな実生活でも勝手気ままで変わり者なわけではないし、同じように、芸術家では

ないからといってまともで常識的だというわけでもない。それでも、映画で描かれる芸術家たちはみな揃いも揃って大変な人ばかり。次から次へと女性に手を出し妻を苦しめつづけた男性画家もいれば、自分の作品がなかなか評価されず、貧困と失意に苦しめられた作家も多い。

不幸な人生、波瀾万丈な人生を送った人ほどのちにドラマとして需要される、というのも妙な話だ。貧困と周囲の無理解に苦しみ三七歳で自殺を遂げた（事故だったという説もあるようだが）ゴッホの人生など、これまでに何度映画化されたかわからない。とはいえ、非凡な人生だからこうして映画にまでなった、とも言える。順風満帆で平凡な生活を送った芸術家だっていなかったわけではないだろうが、そうした人たちの伝記映画など見たことがない。人はみな、自分の人生にはない激しく強烈なものをこそ、スクリーン上で見たいと願ってしまう。

「近代絵画の父」ポール・セザンヌの没後一一〇年となる二〇一六年に製作された映画『セザンヌと過ごした時間』は、やはり芸術家のやっかいさや苦難の生活を描いた作品。この映画がおもしろいのは、主人公が画家セザンヌひとりではないこと。フランス語の原題は「Cézanne et moi（セザンヌと私）」。「私」とは、『居酒屋』（一八七七年）、『ナナ』（一八七九年）などで知られる小説家エミール・ゾラのこと。映画は、実際に親友だったゾラとセザンヌの複雑な愛憎関係を、長い時間をかけ、ときに時系列をシャッフルしながら描いていく。

ふたりの出会いは、フランス南部のエクス＝アン＝プロヴァンスでのこと。幼くしてイタリア人の父を亡くし、貧しい母子家庭で育ったエミール・ゾラは、中学校で上級生にいじめられているところを、一学年上で裕福な銀行家の息子ポール・セザンヌに助けられる。境遇の異なるふたりはすぐに仲良くなる。その後、ゾラ（ギヨーム・カネ）は文学の道へ、セザンヌ（ギョーム・ガリエンヌ）は画家の道へと進むが、芸術を愛する心は同じ。やがて彼らはパリで再会し、マネ、ピサロ、ルノワールなど、芸術家仲間を交えながら友情を育んでいく。

ゾラが小説家として着実に出世していくのに対し、セザンヌの絵はなかなか周囲に認められない。生活が困窮する一方のセザンヌは、田舎に引きこもり、鬱屈した思いを妻や子、友人たちに遠慮なくぶつけていく。せっかく描いた絵をモデルの目の前で破り捨て、わがままで人を怒らせる。女性に対しては侮辱的な言葉を投げつける。悪魔のような男とまでは言えないが、こんな人とは絶対に一緒にいたくない、と思わせるようなやっかいさだ。

一方のゾラは、そんな親友をいつも理性的になだめている。窮乏生活を送るセザンヌと妻子を経済的に援助し、彼の両親との間を取り持ったりする。その関係は、才能豊かだが不遇のため身を持ち崩した画家と、親友の才能を信じて応援する愛情深い作家といった様子。だが、実際のふたりの関係はもっと複雑だ。ゾラが結婚した相手はかつてのセザンヌの恋人。また、すっかりブルジョワ化したゾラをセザンヌは皮肉るが、自分が彼から施しを受けていることは気にもしない。ゾラは必ずしもセザンヌだけを愛していたわけではなく、画家のマネにも心酔し彼を熱心に擁護する。当然、セザンヌにはそれが気に食わない。なぜ自分を一番に擁護してくれていないのかと文句ばかり。喧嘩をしては和解をし、また言い争いが始まる。ほとんど恋人同士の痴話喧嘩のようだが、それでも友情の絆は途切れなかった。

そんなふたりの関係に、ある日大きな亀裂が生じる。一八八六年にゾラがセザンヌをモデルに小説『制作』を書いたのがきっかけだ。これまでの通説では、この小説により彼らの関係は決定的に壊れたとされてきたが、映画は、のちに発掘された手紙をもとに、新たな視点でその複雑な関係を紐解いていく。ふたりの間に何があったのか。友情は本当に途絶えてしまったのか。「これが真実です」と断言できるものは何もない。けれどこの映画を見ると、頑固で扱いづらいセザンヌを理性的なゾラが支えた、という一面的な見かたはできなくなる。現実とはもっと複雑で奇妙で、だからこそおもしろい。

ところで、セザンヌといえばやはり思い浮かべるのはりんごの絵。彼が生涯で描いたりんごの絵は六〇点以上と言われている。故郷のサント＝ヴィクトワール山と並んで、りんごは終生セザンヌの重要なモチーフであり、当然映画にはりんごが登場する名シーンがある。自分を助けてくれたお礼に、少年ゾラがセザンヌの家にりんごを届けに行く場面。籠いっぱいに入った山盛りのりんごは、のちに画家セザンヌの静物画を否応なく思い起こさせる。これがふたりの友情とセザンヌの仕事のそもそもの始まりだ、と言っているかのようだ。

ただし、このシーン以降、りんごはぱったりと画面から姿を消してしまう。セザンヌが絵を描く場面は何度も出てくるのに、りんごだけはまったく登場しない。その代わり、会話のなかでは何度も何度もこの果物が登場する。ポーズをとりながらついつい体を動かしてしまうモデルに対し、「動くんじゃない！　りんごなら動かないぞ！」とセザンヌが無茶な罵声を浴びせたり、『制作』についてふたりが揉めた際には、「モデルは必ずしも君というわけじゃない」と弁明するゾラに「『りんごと壺の静物画を描く画家』なんて、他に誰がいるんだ？」とセザンヌが痛烈に皮肉ったりする。

こうしたやりとりからも、監督が意図的にこの重要なアイテムを画面から外したのはたしかだろう。りんごの絵といえばセザンヌ。そんな一般的なイメージを逆手にとり、あえてここでは登場させない、というわけだ。だからこそ、セザンヌの描いた絵がちらりとでも映ると、そこにりんごが描かれていないか、つい必死で探してしまう。隠されるとよけいに見たくなる。それが観客の心理というもの。

ちなみに、映画のなかで、セザンヌの絵はかなりぞんざいな扱いを受けつづける。画家自らがびりびりと破り捨てたり、その価値を認めない周囲の人間が外に放り投げたりする。そうしたたくさんの絵のなかに、もしかするとりんごの絵が紛れているかもしれない。この映画を見るときは、ぜひ隅々まで目をこらし、どこかにりんごが隠れていないか探してみてほしい。

少女は自分だけの言葉を獲得する

『いとみち』（二〇二一年、日本）

監督：横浜聡子

出演：駒井蓮、豊川悦司

たどたどしく言葉を吐き出す少女。重たい口を必死で開こうとするけれど、うまく言葉が出てこない。どんなに「普通」にしゃべろうとしても、強い訛りがまとわりついて、それがよけいに口を重くする。しゃべりたいことがないわけではないし、むしろ頭のなかにはいろんな言葉が溢れている。だけどそれらをうまくまとめることができない。頭のなかと体の動きがどうにも一致しない。だからまずは体を動かすことから始めようと彼女は決意する。これは、そんな少女の物語。

青森出身の横浜聡子監督の『いとみち』は、青森県板柳町《いたやなぎまち》で暮らす高校生、相馬いと（駒井蓮）を主人公にした青春物語。幼いころに母を亡くし、津軽三味線の名手である祖母（西山洋子）と大学教授の父（豊川悦司）と三人で暮らすいとは、祖母譲りの強い津軽弁が消えず、学校ではどこか浮いた存在。決して疎まれているわけではないが、生来の人見知りのせいもあり、うまく友だちをつくれずにいる。いとの父は東京出身だが、板柳出身の母と結婚しこの地に来て以来、すっかりここが気に入った様子。今は大学で民俗学を教え、学生と一緒に津軽弁の研究をしているようだ。

いとは、家でも自分の居場所を探している。祖母や母の影響でかつては津軽三味線に夢中になっていたが、今ではすっかり弾かなくなり、そのことを父から諌められる。別に嫌いになったわけじゃない。でも祖母のようにはうまく弾けない引け目や年頃ゆえの羞恥心が、彼女を三味線から遠ざけてしまう。

ただ退屈をもてあますばかりの日々を過ごすうち、いとは青森市のメイドカフェでバイトを募集していることを知り、興味を抱く。惹かれた理由は、可愛らしいメイド服か、もしくは日常からもっとも離れた場所に行きたかったのか。はるばる板柳町から遠くの青森市まで電車を乗り継ぎ、メイドカフェ「津軽メイド珈琲店」を訪ねたいとは、個性豊かな店の人々に圧倒されながらも、メイドのひとりとして働くことに。当初は、人より強い訛りが抜けず、挨拶すらまともにできずに悩んでいた彼女は、仲間に支えられ徐々に店に馴染みだす。学校でも、クラスメイトの早苗（アーティストのジョナゴールド）と仲良くなり、いとの日常はゆっくりと変化を遂げていく。だがそんななか「津軽メイド珈琲店」に大きな災難がふりかかる。

　この映画を手がけた横浜聡子監督は、これまでも自身の出身地である青森を舞台にさまざまな映画をつくってきた。冬の青森で撮影した初監督作『ちえみちゃんとこっくんぱっちょ』（二〇〇五年）、八戸出身の松山ケンイチが主演した『ウルトラミラクルラブストーリー』（二〇〇九年）、弘前のりんご農家を舞台にした中編『りんごのうかの少女』（二〇一三年）。どれも青森を舞台に、一風変わった人々が織りなす物語。ファンタジーのような不思議なユーモアに満ちていて、予想もつかない展開に驚きつつ、見ていて夢中になる。ふだんそれほど映画に登場するわけではない青森の風景がたっぷりと映され、地元の人たちがしゃべる津軽弁を存分に味わえるのが嬉しい。

　にもかかわらず、青森を魅力的に映した映画か、と言われると少々言葉に詰まる。横浜監督の描く青森は、いつも暴力と狂気に満ち溢れているからだ。閉塞感が漂う陰鬱な場所で、登場人物たちはみな破壊や死へと引き寄せられていく。たとえば『りんごのうかの少女』には広々とした立派なりんご農園が登場するけれど、ここで育った少女りん子にとってそれは憎悪の対象でしかない。この場所を出て行きたい、家族から逃れたいと願う少女は、りんご園を燃やし、人生を一からやり直すことを願っている。

こうした過去作品を見ていたせいか、『いとみち』が描く青森の明るさに、まず驚かされた。りんごの木がずらりと並ぶ板柳町も、いとの高校がある弘前市も、メイドカフェがある青森市も、その風景は、同じ青森出身である私がよく知る身近な場所そのもの。過去作にあった陰鬱さはまったく感じられず、そのあっけらかんとした明るさに、驚くと同時に懐かしさがこみあげた。

これまでの作品からの変化には、『いとみち』が原作小説をもとにしていることが大きく作用したのかもしれない。『りんごのうかの少女』のりん子と同様に、いともまた、地方で暮らす思春期の少女にありがちな鬱屈した思いを抱えてはいる。何もない町に飽き飽きしていて、自分を変えたい、どこか遠くへ行きたいと願っている。でも「青森から出て東京へ！」という明確な思いはまだ持っていない。三味線を弾くのはもう嫌だ、と思ってはいるが、二度と弾きたくない、というほど強い拒否感もない。家族はうっとうしいが、口も利きたくないほど嫌いなわけじゃない。いとの抱える反抗心はもっと曖昧で穏やかだ。何かを変えたい、自分の思いを体から発散させたい、新しいものと出会いたい。でもそれが何なのかがわからない。だからこそ、いとは、自分が何を求めているのかを模索しつづける。

板柳町と青森市を舞台にした『いとみち』には、もちろんりんごがたっぷりと登場する。ただし、いかにも、という見せかたにはならない。りんごは、登場人物の生活のなかに自然と存在しつづける。いとが歩く板柳の町では当然のようにりんご園が映り込むし、家の食卓にはいつもさりげなくりんごが載っている。たしか玄関の床には、干し餅や何かと一緒に〈板柳りんごワーク研究所〉のアップルジュースの瓶が置かれていたように思う。りんごはあくまで日常のアイテムで、「さあ青森といえばりんごですよ」とこれ見よがしに出してくることはない。そういえば自分が子どものころ、りんごは決して特別なものではなく、むしろちょっと飽き飽きするくらい日常のなかに溶け込んでいた。涼しくなれば家にはいつも箱いっぱいのりんごが鎮座していて、好きなときに剝いて食べていた。板柳に住む祖母の家に行けばいつだってりんごジュースを出され、たまには別の果物ジュースが飲みたい、なんて贅沢なことを思っていた。

りんごの扱いかたに関しては、「津軽メイド珈琲店」はいとの家の状況とは少し違う。ここでは従業員の幸子（黒川芽以）がつくるアップルパイが大人気で、あちこちにりんごをモチーフにした絵やオブジェがある。オーナーが東京の流行を取り入れて開いたというわりに、この店では青森特産のりんごを目一杯アピールしていて、都会らしさをアピールしたいのか、地元感を強調したいのか。そのちぐはぐさがなんだか可笑しい。でもそういうお店だからこそ、いとは今の自分のまま、堂々と働くことができるのだ。他の従業員や常連客は、地元民にも理解が難しい彼女の強い訛りに驚きながらも、そのままでいいよ、と受け入れてくれる。どこかいい加減で、でたらめな人ばかりが集まる場所。そこで働くうち、いとはあれほど遠ざけていた三味線を再び手にとることになる。

メイド服と津軽三味線、という飛び道具を使いつつも、物語は一貫して普遍的な青春ストーリーをたどる。内気な少女は、思いがけぬ場所へ飛び込み、いろんな人と出会い、家族と喧嘩し、親友をつくり、やがて自分だけの言葉を獲得する。「自分の言葉」とは、何も口から発せられる言葉だけに限らない。自分の手で、体全体で紡がれるいとの言葉が、映画の最後を力強く彩る。りんごに囲まれて育った少女がこの先どこへ行くのか。そのもっともっと先を見てみたくなった。

女たちはおしゃべりをし、りんごを食べる

『逃げた女』（二〇二〇年、韓国）
監督：ホン・サンス
出演：キム・ミニ、ソ・ヨンファ

韓国映画にはよくりんごが登場する。しかもその大きさや食べかたは、日本の場合とよく似ている。アメリカやヨーロッパの映画に出てくるりんごはたいてい手のひらにすっぽりとおさまるサイズで、食べるときは皮からがぶりと齧りつき、ひと

りでまるまると食べてしまう。でも韓国や日本の映画に出てくるりんごは、もっと大きく立派なもの。そのためか、ひとりで食べるより、皮を剥いて誰かと分け合って食べるシーンが多い気がする。

二〇二一年の夏に日本で公開された『サムジンカンパニー1995』(イ・ジョンピル監督)にも、物語の重要なアイテムとしてりんごが登場していた。一九九〇年代、国際化が劇的に進む韓国を舞台にしたこの映画は、自分たちが勤める大会社が汚染水を垂れ流し周囲の土地に甚大な被害を与えていると知った女性社員たちが、正義のために立ち上がり、会社を告発する社会派ドラマ。劇中では、土壌汚染の実態に気づくきっかけとして、工場付近の農家で育てるりんごが登場する。「こんなものしかないけど」と農家の人が剥いてくれたりんごを見て、一度は会社に歯向かうことを諦めかけた主人公が、改めて正義に目覚めるシーンだ。そもそもこの主人公はりんごが大好きな人である。不正義を告発するという重大な任務には思わず尻込みする。でも汚染水が自分のふだんから食べているものにもたしかに影響を与えていると知り、彼女は「これは会社の問題におさまらない、私たち自身の問題だ」と気づくのだ。

りんごが登場する韓国映画で大好きなのは、ホン・サンス監督の『逃げた女』。『アバンチュールはパリで』（二〇〇八年）、『自由が丘で』（二〇一四年）など、ホン・サンスの映画の多くは、派手な出来事は起こらず、たいていは会話によって淡々と物語が進んでいく。登場するのは、男女を問わずみな恋愛にうつつを抜かす人ばかり。不倫や浮気をし、嘘をついたり苦しい言い訳をしたり、大声で泣き喚いたかと思えばけろっと立ち直る。ある意味で愚かな人々ばかりが登場し、恋愛をめぐってああだこうだと言い合いつづける。でもそのバカバカしさが妙に癖になる、それがホン・サンス映画の魅力だと、ずっと思っていた。

『逃げた女』は、そんなホン・サンスらしさに颯爽と訣別を告げた記念碑的映画だ。本作ではいつもの男女の恋愛模様は影を潜め、いつになく女性たちの関係を描くことに力が注がれた。物語自体はとてもシンプル。主人公のガミ（キム・ミニ）が、夫の出張中、ソウル郊外に住む女友だちを訪ね歩き、ご飯を食べてはお互いの近況について語り合う。つまりこれは男女の物語ではなく、女たちの物語なのだ。しかもこれまでは、主人公が若い女性の場合、たいてい年上の男と不倫をしていたものだが、今回の主人公ガミは幸せな結婚生活を送っている女性として登場する。どろどろした恋愛とは無縁な、幸福な女性の友情の物語。と言いつつ、ただ朗らかで明るい話にはならないのがやはりホン・サンス。物語が進むにつれ、徐々に彼女の過去や、周囲の人々の事情が見えはじめ、不穏な気配がそこかしこに顔を覗かせる。

ガミがまず訪ねたのは、郊外の一軒家に住む先輩ヨンスン（ソ・ヨンファ）。前夫と泥沼の離婚劇をくりひろげたヨンスンは、今は慰謝料で買ったこの家で年下のルームメイトと一緒に暮らしている。そんな先輩に、ガミは、自分は五年前に結婚した夫と一日たりとも離れたことがない、今回の出張が初めて夫婦バラバラに過ごす時間なのだと語り、彼女を驚かせる。夫はいつも自分にこう言って聞かせる。「愛する人とは絶対に離れて過ごしてはいけない」。そう聞くと、いかにも仲のいい夫婦のように聞こえるが、それにしてはあまりにも強い言葉すぎて、なんだか脅しのようにも思えてくる。

やがてルームメイトのヨンジ（イ・ユンミ）を交え、三人は庭でバーベキューをし、お酒をたっぷりと飲み、ほろ酔いでおしゃべりに興じる。ヨンスンは辛かった離婚騒動を振り返り、今の生活に心から満足しているのだとしんみり語る。デザートはりんご。ヨンジが「私は何をするのも遅くて」と恥ずかしそうにしながら、丁寧に皮を剝き、食べやすい大きさに切ってくれる。ふたりよりも年下の彼女は、先輩たちに肉を焼き、りんごを剝くなど、かいがいしく振る舞う。三人がシャリシャリとりんごを食べる音がおしゃべりの合間に聞こえ、その音を聞いているだけでウキウキしてくる。だが楽しい宴の最中、突然隣人がやってくる。彼は一見礼儀正しい人のようだが、ヨンスンたちへの態度には何やら不穏さが漂う。さらにヨンスンが気にかける別の隣人の若い女性も、家庭に問題を抱えているようだ。何の問題もなく暮らしているかに見える女ふたりの生活は、必ずしも平和なだけとは言えないのだろう。とにもかくにも、たっぷりと肉とりんごを食べたガミは、眠りにつき、翌朝、自分の家に戻っていく。

次にガミが訪ねたのは、こちらも自分のマンションを買ってひとりの生活を楽しんでいる先輩スヨン（ソン・ソンミ）。彼女は新しい仕事で十分なお金を稼ぎ、気楽な生活を送っているようだ。近況を聞かれたスヨンは、今は恋人はいないが、実は気になっている人がいることを打ち明ける。ここでもガミは、先輩にご飯をご馳走になり、ワインを飲みながら「五年間夫と離れたことがない」という前回と全く同じ話を語りはじめる。

このあたりで、観客はおかしな気配に気づく。夫の話をするガミの様子に特におかしな点は見られない。本当に幸せな結婚生活を送っているように語り、スヨンも素直にそれを称賛する。けれど、なぜガミはこの話をくりかえすのだろう？

そしてここでも思わぬ邪魔が入る。スョンが酔った勢いで関係を持った若い詩人の男が彼女のもとを訪ねてきたのだ。玄関先で「あれはただの間違い、もう二度とここには来ないで」と冷たく言い放つスョンの様子を、ガミはリビングからモニター越しにじっと眺めている。どうやら順調に見えたスョンの生活にも、どこか不穏な気配が漂っているようだ。

最後にガミが訪れたのは、映画館やカフェが併設されたカルチャーセンター。映画を見にきたガミは、ここで働く旧友ウジン（キム・セビョク）と再会するのだが、これが偶然の再会なのかはよくわからない。理解できるのは、先のふたりとは異なり、ウジンとガミとの間には気まずい過去があるということだ。ぎこちなく挨拶を交わしたガミたちは、やがて事務所で話し込む。いかにも仕事場らしい殺風景なデスクの上で、ウジンはいそいそとりんごの皮を剝きはじめる。「こういうの、苦手なんだけど」と照れ臭そうにする様子は、ヨンジとよく似ている。

やがて綺麗に剝かれたりんごを前に、旧友たちは過去のこと、今現在の生活について語り合う。ここでもまた、女たちのおしゃべりの声と一緒に、りんごを齧る音がシャリシャリと響いている。ガミは自分の言葉を嚙みしめるように、夫との話をくりかえす。「愛する人とは何があっても一緒にいるべき」。何度もくりかえされることで、言葉の裏にある何かが見えてくる。そもそもガミの夫は本当に出張中なのだろうか？　ガミはなぜこうして旧友たちを訪ね歩いているのだろう？　もしかして彼女には別の目的があってここに来たのでは？　そういえばこの映画のタイトル「逃げた女」とは誰のことなのか？

いくつもの謎を残したまま、映画はあっさりと幕を閉じる。ガミと夫との関係が実際はどういう状態なのかは、わからない。でも旧友たちとの再会を経たあと、ガミの顔はたしかに変わる。きっと彼女は世界の新たな見かたを発見したのだ。

ひとりの女を決定的に変えたもの、それは女同士の気の置けないおしゃべりだ。何気ない会話と力強い相槌が、この世界に足場を失いそうな誰かを勇気づける。そんな女たちのおしゃべりのお供には、ワインと、皮を剝いたりんごがよく似合う。

西部の早撃ちガンマンが撃ち落とすものとは

『夕陽のガンマン』（一九六五年、イタリア）
監督：セルジオ・レオーネ
出演：クリント・イーストウッド、リー・ヴァン・クリーフ 他

この原稿を書いている二〇二〇年春、私が住む東京では、連日緊迫した日々が続いている。状況はそれぞれ違えど、次に何が起こるのかわからず誰もが不安な日々

を過ごしているのは、全国各地、世界各国同じだろう。新型コロナウイルスの影響は、映画業界にももちろん降りかかった。緊急事態宣言に伴い都内の映画館はほぼ全館休業。新作映画も次々に公開延期が発表された。いったい休業補償はどうなっているのか。このままでは映画館も配給会社もどんどん潰れてしまうだろう。補償を伴わない自粛要請ばかりをつきつける国や都への怒りに燃える今日このごろ。もちろん映画館通いも当分はできないわけで、仕方がないとは思いつつ、どんどん暗い気分に襲われる。

不安や苛立ちは消えないものの、こんな時期には、せめて映画館での体験を思いだし感傷に浸りたい。そう思い、最近見た映画で「これぞスクリーンで見る醍醐味！」と感動した作品を思い返してみる。するとすぐにある作品が頭に浮かんだ。セルジオ・レオーネが監督した『ワンス・アポン・ア・タイム・イン・ザ・ウェスト』（旧邦題『ウエスタン』、一九六八年）。まだパンデミックが起こる前、新宿の映画館で公開され、その後全国を巡回していたこの作品。スクリーンで見なければ本当の魅力はわからない、そう言い切ってしまいたくなる映画だった。

舞台はアメリカ西部アリゾナ州、出演者の多くもアメリカの俳優たちだが、監督のレオーネはイタリア人、製作国もイタリアだ。一九六〇年代から七〇年代にかけて、イタリアの映画製作者たちは次々に西部劇をつくりだしていた。アメリカの西部劇を真似、スペインなどの荒野で撮影されたこの異色の西部劇は、マカロニ・ウエスタン（スパゲッティ・ウェスタン）と呼ばれ、ひとつのジャンルをつくりだした。日本では、クリント・イーストウッド主演の『荒野の用心棒』（一九六五年）からマカロニ・ウエスタンブームが始まったとも言われている。

マカロニ・ウェスタンといっても、製作本数があまりに多く全体を把握するのは難しい。私自身、有名な作品を数本見た程度。それでもあえてその特徴を表すなら、暴力描写はリアルに、でもとにかくすべてが過剰な映画と言いたい。たいていの場合、悪党が支配する寂れた街にやってきたアウトローの主人公が、銃を片手に悪人たちと対決する。主人公は稀代の早撃ちガンマンであることが多いが、ときには棺桶にガトリングガン（機関銃）を入れて引きずり歩く謎の男だったりと、キャラクター描写が少々過剰気味なことが多い。ただし、かつてのアメリカの西部劇とは異なり、主人公が必ずしも善人とは限らず、過去のトラウマや影を抱えていたりと、善悪の描写はリアリティに満ちている。

『ワンス・アポン・ア・タイム・イン・ザ・ウェスト』もそんなイタリア製西部劇に属する一作。監督のセルジオ・レオーネはこの当時すでにマカロニ・ウエスタンの代表的監督として知られていたが、本作はそれまでよりさらに予算をかけた大作時代劇となった。謎に包まれた早撃ちガンマンの主人公をチャールズ・ブロンソンが演じ、アメリカ製西部劇の大スターでもあったヘンリー・フォンダが、鉄道会社に雇われた殺し屋という恐ろしいまでの悪役を生き生きと演じている。

一家団欒を襲う凄まじい銃撃。列車に乗ってやってきた謎の男。鉄道をめぐる陰謀。開拓時代のアメリカ西部を舞台にくりひろげられる、男たちの陰謀と闘争。そんな男たちの戦いに巻き込まれていく元高級娼婦の女を、イタリア女優クラウディア・カルディナーレが優雅に、たくましく演じている。黒いドレスを身にまとった彼女が汽車から降り立った瞬間、劇場全体からほうっと溜息が漏れた気がする。広い荒野に点々と立つロングコートを着た男たちにもしびれた。対決シーンでは贅沢なほどゆっくりと時間がかけられ、カメラはひとりひとりの顔を大写しに捉えていく。エンニオ・モリコーネの荘厳な音楽が大仰さにさらに拍車をかける。いよいよ最後の対決のとき、チャールズ・ブロンソンの顔がこれでもかとアップになる場面には思わず笑ってしまうが、このとんでもないクロースアップを大スクリーンで目撃するだけでも、この映画を見る価値がある。

東京では、『ワンス・アポン・ア・タイム・イン・ザ・ウェスト』が公開された後に、セルジオ・レオーネと並ぶマカロニ・ウェスタン監督であるセルジオ・コルブッチの怪作『続・荒野の用心棒』（一九六六年）が公開され、ちょっとしたマカロニブームに沸いていた。ただし「続」とあるのは邦題の都合であり、イーストウッドが主演した『荒野の用心棒』とは何の関係もない。単に前作のヒットにあやかろうとした日本側の配給の都合らしい。こうした適当さもマカロニ・ウェスタンの醍醐味と言えるかもしれない。

ではマカロニ・ウェスタンにりんごが出てくる映画はあるだろうか？　探してみるとある作品を発見した。セルジオ・レオーネ監督『夕陽のガンマン』。イーストウッドが名無しの賞金稼ぎ、通称モンコ役を演じた作品。モンコのライバル的存在となるのが、リー・ヴァン・クリーフ演じるモーティマー。どちらも悪党を捕まえ金を稼ぐ、アウトローの賞金稼ぎ。ふたりは、脱獄したばかりの悪党インディオ（ジャン・マリア・ヴォロンテ）一味を捕まえようと狙いをつける。普段は一匹狼のモーティマーとモンコだが、仲間を引き連れたインディオはかなりの強敵。そこでふたりは、しぶしぶながらも一旦手を結ぶことに。モーティマーの立てた計画はこうだ。まずは銀行強盗を企むインディオ一味にモンコが仲間入りする。味方のふりをし強盗計画の詳細を聞き出した後、現場へやってきた一味をふたりで一気に捕らえようというのだ。

完璧な作戦のはずだったが敵もさるもの。モーティマーや警察の裏をかき、まんまと銀行強盗を成功させてしまう。インディオの計画を見抜けず遅れをとったふたりは、新たな作戦を立てる。「おまえの裏切りはまだバレていないはず。だからインディオに、北へ向かうよう伝えるんだ。そこで先回りした俺たちで挟み撃ちにしてやろう」。モーティマーの新たな提案に、モンコは一応は従うそぶりを見せる。だが実際にインディオと合流したとたん、彼は先ほどの指示に逆らい南へ行くよう提案する。それを聞いたインディオの答えは「いや、南は不吉だ。東へ行こう」。こうしてモンコとインディオ一味は東の街へ向かう。

モーティマーを出し抜き東の街へやってきたモンコ。だがまだモンコを信用し切れていないインディオたちは「まずはおまえがひとりで街へ行き、様子をうかがってこい」と命令する。この街の人々がよそもの嫌いだと知っていて、わざと彼を先に行かせたのだ。さて仲間たちの魂胆を知ったモンコは、自分の力をまず街の人々に見せつけようと考える。銃の腕前に自信のある彼は、遠くの木の下でりんごを取ろうと背伸びをする男たちの姿を見つけ、銃をかまえる。銃声が響き、木の上からぼとり、ぼとり、とりんごが三つ落ちてくる。得意の早撃ちの腕前を見せつけモンコが満足気な笑みを浮かべると、突然、上方からもう一発銃声が響き、驚いた男たちはあたふたと落ちたりんごを集める。モンコは銃声の主を見上げうんざり顔。北へ向かったはずがいつのまにか東の街に先回りしていたモーティマーが、屋根の上からもう一個のりんごを撃ち落としたのだ。モンコの裏切りなど、とっくに見抜かれていたというわけだ。一方のモーティマーは、してやったり、と言わんばかり。

仕方なく再び手を組むことにしたモンコとモーティマー。ふたりはインディオたちが銀行から盗んだ金を横取りしようとするが、これまたまんまと捕まってしまう。ここで盗んだ金を隠す際もりんごの木が活躍する。さて、金を隠したはいいが、捕らえられたふたりはこの先どうなるのか。はらはらする展開を見守るうち、モーティマーの過去が徐々に明らかになる。元は名のある軍人だった彼が賞金稼ぎに身を落としたのはなぜなのか。どうしてこれほどインディオに執着するのか。そして最後にりんごの木から金を取り戻すのは果たして誰なのか。

いつか大きなスクリーンで見られる日を心待ちに、今は迫力満点のイタリア製西部劇に思いを馳せたい。

傷ついた大人たちの旅はどこまでも続く

『さすらいの女神《ディーバ》たち』（二〇一〇年、フランス）
監督：マチュー・アマルリック
出演：マチュー・アマルリック、ミランダ・コルクラシュア

カフェや雑貨屋の店頭に置かれた色とりどりのフルーツ。ぴかぴかに光っていていかにも美味しそうに見えるけれど、鼻を近づけるときっと何の匂いもしないはず。それらはたいてい、客の目を楽しませ、インテリアに華を添えるために用意された

プラスチック製の偽物（フェイク）のフルーツだから。でも本当に偽物なのかどうか、実際に試したことがある人は、どれくらいいるだろう？

『さすらいの女神《ディーバ》たち』には、まさに偽物か本物かわからない、色とりどりのりんごが登場する。俳優としても活躍するマチュー・アマルリックが監督・主演した映画で、元テレビプロデューサーの男が率いるニュー・バーレスクのダンサーたちのフランス巡業ツアーの様子が、ユーモアをこめて描かれる。

バーレスクショーとは、元々一九二〇年代にアメリカのキャバレーで流行したショーのスタイルで、派手な衣装を身につけた女性たちが、舞台上で衣服を脱いでいく出し物。一九九〇年代以降、この伝統的なショースタイルを愛した女性たちが新たに復興したのがニュー・バーレスクショーだという。映画に出演するのは、実際にダンサーとして活躍する女性たち。劇中では、彼女たちが自らニュー・バーレスクについてこう語る。「これは女性のための女性によるショー」。男には口を出させず、自分の考えたアイディアで、女性としての自分を表現する」。演目は、人によってバラバラだ。コミカルな演技で笑いをとったり、毎回小道具や装置に工夫を凝らし人々を驚かせる者もいる。自慢の歌声を披露する女性や、官能的な美しさで見る人をうっとりさせたり、鍛えられた体で曲芸的な技を披露する者もいる。

年齢や体つきは千差万別だが、全員に共通するのはその煌《きら》びやかさ。まるで武装するように、彼女たちは、ド派手な衣装と化粧で自分が見せたい姿をつくりあげる。長いつけまつげと、大胆にセットした髪型、丁寧に塗られたメイクがフェイクフルーツのように彼女たちを光り輝かせ、その光が観客を魅了しひれ伏させる。

華やかなダンサーたちを束ねるのは、マチュー・アマルリック演じるジョアキム・ザンド。フランス出身の彼がアメリカで人気の彼女たちを呼び集め、フランスでの巡業ツアーを企画したのだ。ジョアキムの決めたルートをたどりながら、ダンサーたちは大きな荷物を抱え、電車で移動して歩く。でも、旅を続けるうちだんだんと疑問が持ち上がる。ル・アーヴル、ナント、ラ・ロシェル、トゥーロンと海沿いの街の劇場をまわってきたけれど、肝心のパリ公演の詳細はいつまでたっても決まらない。ときおり、フランス語で誰かと電話で揉めている様子のジョアキムを窺いながら、どうもこのツアーには秘密がありそうだと彼女たちは怪しみだす。

実はジョアキムは、かつてはテレビプロデューサーとして成功をおさめたが、同業者と揉め、パリを追い出された身の上。逃げるように渡ったアメリカでニュー・バーレスクのショーと出会い、新しい事業で故郷フランスに凱旋しようと計画していたのだ。だが昔の仕事相手はいまだに彼を恨み、パリ公演を妨害する。元妻との間にいる息子ふたりの面倒も見なければならず、ジョアキムはイライラを募らせる。

自分の不始末を隠し、ダンサーのみんなに苛立ちをぶつけるジョアキム。だが彼女たちは彼の怒声など相手にしない。何を言われようと笑い飛ばし、「これは私たちのショーなんだから、あんたは黙ってな」と一掃する。どれほど悲しみに暮れようと、いつも女たちの陽気な力に跳ね返されるジョアキムは、悲劇の人のようでいて、ただの拗《す》ねた子どものようでもある。

とはいえ、女たちもただ強く逞《たくま》しいわけではない。多くは語らなくても、ひとりひとりにいろんな過去があり、それぞれに迷いを抱えているのが、ささいな場面から見えてくる。なかでも、舞台では大きな羽根飾りを振り女王然とした威厳を見せるミミ（ミランダ・コルクラシュア）は、仲間と一緒に笑い転げながら、ときおり憂鬱そうな顔を見せる。以前はテレビの世界で活躍していたという彼女にも、ジョアキムと同じように、触れられたくない過去があるのかもしれない。

そんなミミだからこそ、ジョアキムの苛立ちをすぐさま見抜く。彼が息子たちの世話やパリでのごたごたに夢中でショーに身を入れていないと感じたミミは、夜遅く、酔っぱらったジョアキムに文句をぶつけてしまう。子どもみたいな言い争いを続けたすえ、彼を引っ叩いたミミは、もううんざりだというように頭を抱え、「ああもう、りんごが食べたい！」と叫ぶ。興奮したジョアキムは「俺が持ってきてやるよ、たしかホテルのカウンターにあったから」と答えるが、とたんにミミは笑いだす。「あれは偽物よ、バカね！」

ホテルのカウンターには、たしかに籠入りの赤と青の鮮やかなりんごが置かれていた。でもそんなもの飾り用の偽物にちがいないし、本物と勘違いするなんてジョアキムにはまったくまわりが見えていない証拠だ。本人も恥ずかしくなったのか、「自分にはコネがある、なんとしてでも本物のりんごを手に入れてやる」と息巻いてホテルの外へと出かけていく。夜中にりんごを手に入れるための「コネ」とはいったい何なのか。そうまでしてプロデューサーとしての有能さを証明したい、ジョアキムの子どもっぽさが笑えてくる。

結局、ジョアキムがりんごを手に入れられたのかどうかは、よくわからない。勢いよくホテルを飛び出したあと、ミミにりんごを渡すシーンはなかったので、おそらく彼のコネは役に立たなかったのだろう。ただし、おもしろいのはこのあと。朝になり、ホテルに戻ったジョアキムが息子たちの部屋を訪ねると、なんと彼らは赤いりんごにかぶりついている。それを眺めるジョアキムは驚いた顔。いったい彼らはどうやってこのりんごを入手したのだろう？　もしかしてホテルのカウンターから？　とすれば、あれは偽物の飾りではなく本物のりんごだったのか？　ピカピカに光るりんごを見て「偽物」だと断言したミミも、その言葉に同意したジョアキムも、実際にそれを確かめたわけではない。先入観に惑わされず手を差し出してみれば、簡単に本物を手にできたかもしれない。大人たちにはできなかったことを、子どもたちはいとも簡単に成し遂げてしまったというわけだ。

その後、彼らの間でりんごの話題が出ることはない。けれど、このりんごのシーンの直後より、ジョアキムの顔から徐々に苛立ちの表情が消えていったように思う。息子たちを送り出し、ツアーのみんなと別れミミとふたりで次の公演に向かうことになった彼は、彼女とぶつかり合いながら、一枚一枚その鎧を脱いでいく。舞台で衣装を脱ぐのはミミ。でも現実で鎧を脱ぎ捨てるのはジョアキムのほうだ。こうしてふたりは和解し、再びツアーへと合流する。

過去におかした過ちも、自ら負った傷も、そう簡単には消えてなくならない。この公演を成功させたからといって、かつての栄光を取り戻せるわけではない。そのことを悟りながら、それでも旅はどこまでも続く。ジョアキムとミミ、そして彼らの仲間たちは、旅を続けるうち、どんどん身軽に、素直になっていく。その無邪気さがあれば、いつかきっと本物のりんごを手にできるだろう。

部屋のなかに隠された三つのシンボル

『抱擁のかけら』（二〇〇九年、スペイン）
監督：ペドロ・アルモドバル
出演：ペネロペ・クルス、ルイス・オマール

映画のなかのインテリアを見るのは楽しい。うっとりするほど豪華な部屋に見惚れたり、こんな家具が家にあったらいいのにと夢見たり。普段の生活では見ることのない住まいを見るだけでも十分楽しめる。この地域ではこんなふうに家族で生活

するんだな、と驚くこともあれば、時代や国が違うのに自分の家とずいぶん似ているな、と不思議な一致に感心することもある。

圧倒的におしゃれなインテリアを鑑賞できる映画といえば、スペイン出身の映画監督ペドロ・アルモドバルの作品をあげたい。アルモドバルの映画は、『オール・アバウト・マイ・マザー』（一九九九年）や『ボルベール〈帰郷〉』（二〇〇六年）など、毒々しくも情熱的な色彩が特徴的。まるでスペインの国旗のように、鮮やかな赤色と黄色が画面を覆い、その色彩のなかで情熱的なドラマがくり広げられる。

アルモドバルは、たびたび自身の過去をモチーフにしてきた。やはり彼の自伝的映画だと言われた『ペイン・アンド・グローリー』（二〇一九年）の主人公は、十分な名声と富を得た映画監督。心と体に癒されない痛みを抱えた彼は、その痛みと向き合うように、これまでの半生を振りかえり、自分を愛してくれた人、自分が愛した人のことを見つめ直す。一番の見どころは、主人公が住む部屋のインテリア。鮮やかな色彩と素晴らしいデザインに満ちたこの部屋には、アルモドバル監督の私物がたくさん使われたという。椅子やソファ、照明、壁に飾られた絵画に至るまで、すべてが圧倒的。まるで家のかたちをした美術館のようで、見ているだけで惚れ惚れしてしまう。

アルモドバルといえば『抱擁のかけら』のインテリアが忘れられない。この映画では何より赤色が多用される。ヒロイン役のペネロペ・クルスはいつも赤い服を身につけ、真っ赤に塗られた大きな唇で笑みをこぼす。情熱的な愛の色にも見えるし、血を思わせる不吉な色と見ることもできる。さて、赤い色をした野菜といえばトマトがまず浮かぶが、果物ではりんご。実はこの映画には、三種類のりんごが登場する。ただし本物ではなくすべて偽物。三つともまったく異なる姿で登場するのだが、それぞれに強い印象を残してくれる。

『抱擁のかけら』の主人公は、『ペイン・アンド・グローリー』と同じく、年老いた映画監督だ。かつて名声を得た映画監督のマテオ・ブランコ（ルイス・オマール）は、ある事故により失明し、今はハリー・ケインという名を名乗り脚本家として生計を立てている。不便な生活ではあるが、エージェントのジュディット（ブランカ・ポルティージョ）と彼女の息子にサポートされながら静かな日々を送っていた。そんなある日、彼のもとに、ライ・Xという名の謎の男が訪ねてくる。これを機に、かつてマテオ／ハリーの身に起きた痛ましい悲劇が徐々によみがえる。

一四年前。マテオは、初めてのコメディ映画を手がけようとしていた。オーディションにやってきたのはレナという若い女。レナを見たジュディットの胸に、ふと不吉な予感が生じる。彼女はあまりに美しすぎる。実際、レナを演じるペネロペ・クルスの美しさは異様なほどだ。彼女が振り向いた瞬間、画面全体にぱっと赤い火が灯る、そんな気さえした。案の定、マテオは一目でレナの虜になる。そしてレナのほうもまた自分を女優として認めてくれたマテオに恋をする。だがふたりの間には大きな障害があった。レナの年上の愛人、エルネスト（ホセ・ルイス・ゴメス）だ。強大な富と権力を持つエルネストは、レナの弱みにつけこみ自分の愛人にすると、金によって彼女を支配していた。一方女優としての夢をあきらめきれないレナは、マテオの映画で華々しくデビューできることに歓喜する。ずっと年老いた男の言いなりになってきたが、ようやく自分の手で夢をつかめるかもしれない。彼女が喜び興奮するほど、エルネストは危機感に駆られていく。レナが女優として認められれば彼女は自分のもとから去っていくにちがいない。映画の撮影が進むにつれ、嫉妬深い権力者は、彼女への執着と監視の目をさらに強めていく。

エルネストとレナが住むのは、いかにも権力者らしい豪勢な邸宅。天井が高く広々とした室内には立派な家具がいくつも並び、壁には巨大な絵画が飾られている。だがふたりの関係に呼応するように、この家の雰囲気は陰鬱でまったく温かみを感じられない。金のかかった容れ物はたくさんあるのに、中には何も入っていないのだ。エルネストとレナが食事する場面では、大きな食卓テーブルの後ろに、これまた巨大な静物画がかけられている。描かれているのはくすんだ色のりんごが数個。人の顔よりも巨大なそのりんごは、不吉で、恐ろしい雰囲気を醸し出す。

この冷徹な豪邸と正反対なのが、その後、エルネストのもとを逃げ出したレナとマテオが滞在するアパートメントホテルだ。彼らは、人目を避け、海辺のアパートでふたりだけのヴァカンスを過ごす。夜には、花柄のソファで抱き合いながらテレビに映るロッセリーニの映画『イタリア旅行』(一九五三年)を見る。誰にも邪魔されない幸福な時間。でもふたりとも、このまま永遠に逃げつづけることはできないとわかっている。目の前の幸せが期限つきのものであることへの恐怖に震えながら、それでも奇跡を信じずにいられない。ソファの前のローテーブルには、飲み物を入れたカップや皿が並ぶ。少し離れた場所に、ちょこんと置かれた木製のりんごのオブジェ(あるいは蓋付きの容れ物かもしれない)も見える。それは、エルネストの家に置かれた巨大な静物画とは違い、小ぶりで簡素なもの。だからこそよけいに、レナとマテオの親密さが伝わってくる。

恋人たちの運命は、やがて悲劇へと導かれる。愛した人も自分の映画も失ったマテオは、すべてを忘れるため、名前を変え過去から逃れようともがきつづける。だが一四年が経ち、彼は再びマテオに戻り、驚くべき方法でレナの亡霊と再会する。

最後、もうひとつのりんごが登場する。これまたカラフルな家のなかで、レナが座るソファの後ろに真っ赤な丸い物体が映っている。イタリアのアーティスト／家具デザイナーのエンツォ・マリによる、目の醒めるような赤いりんごの絵。その前には、やはり鮮やかな衣装に身を包んだレナがいる。ふたりの男の間で苦悩していた悲劇のヒロインではない。まるで子どものように、溌剌とした笑顔を振りまいている。カラフルな部屋で、悪戯っこのように何かをたくらんでいる。

『抱擁のかけら』に登場する三つのりんご。ひとつめは、冷め切ったカップルの後ろに佇む巨大な静物画として。もうひとつは愛し合う恋人たちの前に置かれた木製のオブジェとして。三つ目は、女優レナの後ろで太陽のように君臨する真っ赤なりんごの絵。それらはまるで異なる印象を残しながら、常にレナという女性とともに映し出される。

三つのりんご、と書いたけれど、もしかするとまだまだ思わぬところにりんごの影が隠れているかもしれない。

りんごを食べる男の
喪失と再生の物語

『林檎とポラロイド』（二〇二〇年、ギリシャ）
監督：クリストス・ニク
出演：アリス・セルヴェタリス、ソフィア・ゲオルゴヴァシリ

『林檎とポラロイド』は、ギリシャ出身のクリストス・ニク監督による長編デビュー作で、女優のケイト・ブランシェットがその才能に惚れ込み、エグゼクティブ・プロデューサーとして参加したことでも話題となった。物語の舞台は、ある奇妙な

病が蔓延する架空の世界。画面に映る風景は、ごく普通の日常に見える。けれど、突然道で呆然と佇む人や、車を急に停めたきり、通行人の問いかけに何も答えられない人がぽつぽつと現れ、何か異様なことが起きているのだとわかってくる。ここで蔓延しているのは、ある日突然、何の予兆もなくすべての記憶が失われる病。病の原因はわからず、一度かかれば記憶の回復はほぼ望めないという。

まるでSF映画のようで、その実、私たちが今生きている世界そのもののように思える。実際、新型コロナウイルスの感染が一気に拡大していった時期の世界の光景は、SF映画の一場面のようだった。それでもパンデミック下の私たちがどうにか日々を過ごしていたように、映画のなかの人々も、病の流行を半ば諦めつつ、なんとか適応して生きているようだ。

主人公は、乗っていたバスのなかで突然記憶を失ったひとりの男。気づいたとき、彼は、自分の名前や住んでいた場所、年齢といった身分を保証する情報をすべて忘れ、さらにクリスマスや新年といった誰もが知る行事やイベント、人との普通の付き合いかたなど、生活に必要な知識すら何も思い出せなくなっていた。病院で流行病による記憶喪失だと診断された男は、医師から、ある回復プログラムを提案される。それは、記憶を取り戻すことは諦め、まったく新しい人生を始めるためのプログラム。さまざまな経験を通して新たな知識を蓄え、別人に生まれ変わるのだ。

プログラムへの参加を決めた男は、病院が用意した家に住み、与えられたミッションをひとつひとつこなしていく。ミッションはどれも、日常を過ごしていれば普通に体験するかもしれないことばかり。自転車に乗り、パーティーに参加し、ときには映画を見たり、ちょっと刺激的な場に行ってみたり。日常のささいな行為の積み重ねが、彼を新しい「自分」にする、というわけだ。やがて彼は、同じプログラムに参加するある女性と出会い、親しみを抱くようになる。だがそれに応じて、ミッションの内容は徐々に過激になっていく。

登場人物たちは、笑うでも泣くでもなく、みな真顔のまま。大の大人が一〇代の若者のような行動をし、馬鹿げたミッションを淡々とこなしていくさまはとてもシュールだ。しかもこの世界には、インターネットやSNS、携帯電話すら存在しないらしい。プログラムの参加者は、カセットテープに録音されたミッションを聞き、ポラロイドカメラで撮影をし、それを日記に貼りつける。人を訪ねるときも、電話をかけるか、直接家を訪ねていくか。ここは近未来の世界のようでいながら、少し過去に戻ったような、不思議な世界なのだ。

すべてを忘れた男が、ひとつだけ覚えていることがある。それは、りんごが好きだということ。病院で出されたりんごをひと口齧った瞬間、男はその美味しさを思い出したのかむしゃむしゃと食べ尽くし、それ以来、りんごをいくつも買っては食べるようになる。新しい家の近所にある果物店でも、彼は迷わずりんごを買う。店主に「今日はオレンジがおすすめだよ」と勧められても見向きもしない。淡々とりんごを買いつづけ、ナイフで少しずつ削っては食べる男の姿は、本人がいたって真面目なぶんなんだか可笑しい。

食べ物の記憶とは、たしかに大きなものかもしれない。もし自分がこの病にかかったとき、りんごを渡されたとたん、無意識にするすると皮を剝きはじめ、「なるほど、この人はりんごを食べ慣れているんだな。もしかしてりんごの産地で生まれ育ったのかもしれない」と推測されたりするのだろうか。そんなことをつい想像してしまう。ところが、それほどりんごが好きだった男は、あることをきっかけに、一切りんごを口にしなくなってしまう。その理由は何なのか、という問いが、この映画の大きな鍵となる。

インタビュー記事によれば、クリストス・ニク監督がこの映画をつくったきっかけのひとつは、大好きな父親の死だったという。彼は父の死から立ち直れず苦しむうち、他の人々はどうやって大事な人の喪失と向き合っているのか、どうすればこの辛い記憶を忘れられるのかを知りたいと思うようになった。そうして、記憶をめぐるこの物語が生まれたのだという。

物語が進むうち、ブラックユーモアを交えたコメディに思えていたこの映画が、実はまったく別のものを描いていたとわかってくる。男は何を考えこのプログラムに参加しているのか。彼がいくつもの経験を経て得ていくものは何なのか。そしてなぜ彼はりんごを食べるのをやめたのか。映画の各所にちりばめられた小さな疑問がひとつまたひとつと重なるうち、やがてある真実が浮かび上がる。

ニク監督の亡くなった父親は、一日に八個も食べてしまうほど大のりんご好きだったようだ。そして彼は素晴らしい記憶力の持ち主でもあったという。愛する父の思い出を映画にたっぷりとこめながら、監督は、喪失と再生の物語を語る。それはどこかとぼけていて、けれど悲しい優しさに満ちている。

赤と緑の映画

『めまい』
赤と緑に導かれた宿命の女

アルフレッド・ヒッチコック監督
（1958年、アメリカ）

近年、『キャロル』や『ロングデイズ・ジャーニー』をはじめ、赤と緑をモチーフにしたラブストーリーが数々誕生しているが、その原型はやはり『めまい』。真紅の壁の前に佇む緑色のドレスを着た女。その姿を目にした男は、赤いネオンや緑の霧に照らされながら、仕組まれた宿命へとただ落ちていく。

『アメリカの友人』
真っ赤な車を照らす緑のネオン

ヴィム・ヴェンダース監督
（1977年、西ドイツ他）

赤いワーゲンに乗って現れるのは、テンガロンハット姿のデニス・ホッパー。そこかしこに赤色のモチーフが使われるなか、仕組まれた殺人に勤しむ男たちを照らすのは緑色のネオン。通常は映画を「醜くする」と言われるこの緑色の光を、撮影監督ロビー・ミュラーはあえて利用し、男たちの空虚さを照らし出した。

『友だちの恋人』
すれ違いつづける女たちの鮮やかな服の色

エリック・ロメール監督
（1987年、フランス）

パリ郊外のニュータウンを舞台にした、もどかしくも可笑しい恋愛喜劇。内向的なブランシュと活発なレアは出会ってすぐに親友になるが、互いの恋人が絡みあい、すれ違いと勘違いのドタバタ劇が幕を開ける。彼女たちが着る青と緑の衣服が印象的だが、ブランシュの赤のセーターの鮮やかさも忘れられない。

『燃ゆる女の肖像』
女たちの愛と視線の物語は赤と緑によって紡がれる

セリーヌ・シアマ監督
（2019年、フランス）

望まぬ結婚を控える令嬢と、彼女の肖像を描くことを請け負った画家。相手を見つめ、見つめ返されるふたりの女たちの激しい愛の物語は、やはり緑と赤の衣服によって紡がれる。そして若いメイドは、恋人たちと一緒に料理をつくり、裁縫をする。その穏やかなひとときは、あかたも林間学校に来た女生徒たちのよう。

第 3 章

酔わずに食べたい映画

Chapter 3

Movies with striking food scenes

酔うだけが映画の快楽ではない。
酒嫌い、下戸、未成年でも
ぞんぶんに楽しめる、腹と心を満たすおいしい映画たち。
もちろん酒と一緒に楽しめるおつまみ映画も。

悪い男たちの食事風景

『グッドフェローズ』（一九九〇年、アメリカ）
監督：マーティン・スコセッシ
出演：レイ・リオッタ、ロバート・デ・ニーロ他

映画に描かれる悪い男たち、いわゆるマフィアやギャング、ヤクザと呼ばれる男たちはいつだって酒を飲む。そしてその隣には、必ずと言っていいほど豪勢な食事がずらりと並ぶ。服装や調度品をはじめすべて高級品にこだわる男たちが、食事にも嫌というほどお金をかけるのは当然のこと。それにしても、ギャングやマフィア映画に出てくる食の豪華さには笑ってしまう。悪い男たちほど食事へのこだわりが

強いのは、食欲も名誉欲も金銭欲も、すべての欲望はひとつながりだから。

フランシス・フォード・コッポラ監督の『ゴッドファーザー』シリーズでも、精力的なマフィアの男たちはワインを浴びるように飲み、いつもファミリーで大きな食卓を囲んでいる。つねに男たちで群れる彼らは家では女に家事を押しつけるタイプだが、ここぞというときにご馳走をつくるのは男の役目らしい。シリーズ一作目『ゴッドファーザー』（一九七二年）には、マイケル（アル・パチーノ）が料理上手な仲間から特製ミートボールのつくり方を教わるシーンがある。「まずオイルでニンニクをいためたらトマトペーストを入れ、そこにソーセージとミートボール、赤ワインを少々」と言いながら、おそらく二リットルはありそうな大きな赤ワインボトルを片手で持ち、鍋のなかに流し入れる豪快さに、惚れ惚れする。

同じくアメリカに住むイタリアン・マフィアの抗争を描いた『グッドフェローズ』では、刑務所のなかでマフィアの上役たちがディナーをつくるシーンがあり、賄賂で手に入れた豪華なステーキや大きなサラミと一緒に、手作りミートボールが披露される。そういえば、本場イタリア製のマフィア映画であり、実話をもとに検察とマフィア組織の壮絶な戦いを描いた『シチリアーノ　裏切りの美学』（マルコ・ベロッキオ監督、二〇一九年）でも、刑務所に入ったマフィアの大物たちには、シャンパンやキャビアなど豪勢な食事が出されていた。いったい刑務所とは何なのか、と呆れてしまうが、どんな場所にいても食事には手を抜かないのがマフィアの特徴なのだろうか。

食べきれないほどの豪勢な食事と高価なワインが並ぶ食卓からは一転、自宅で、一見粗末な食事を楽しむ老ギャングたちがいる。ジャン・ギャバン主演のフランス映画『現金《げんなま》に手を出すな』（ジャック・ベッケル監督、一九五四年）で描かれるのは、かつてはギャングとして隆盛を誇ったが、今は老いを自覚しつつある男たちのわびしい食事風景。そろそろヤクザ稼業からの引退を考えている老ギャングのマックス（ジャン・ギャバン）は、仲間のリトン（ルネ・ダリー）と、最後の大仕事を終えたばかり。綿密な計画を立て、大量の金塊を盗み出したのだ。足がつかないよう、表向きはいつもと変わらぬ生活を続けるマックスだが、若い踊り子のジョジィ（ジャンヌ・モロー）に入れ込むリトンは、金塊を手にしたことをうっかり彼女に漏らしてしまう。こうしてリトンは金塊を狙う若いギャングたちから狙われる羽目になり、マックスはそんな相棒に呆れながらも、見捨てることはできず、彼を自分の隠れ家へと匿《かくま》うことに。

深夜、旧友のふたりが大事な話をしながら飲むのは、ナントのワイン（おそらく、ナント地方の名産である白ワインのミュスカデだろう）。ここでマックスが「これくらいしかないぞ」と一緒に差し出すのが、紙袋に無造作に入れられたラスクと、ココットに入ったパテ。すでに馴染みのレストランで食事をしてきたはずなのに、深夜の酒にわざわざパテまで用意し、しょぼくれた男ふたりで、ラスクにたっぷりと載せてむしゃむしゃと食べるさまがなんとも愛らしい。外ではそれなりに顔がきき、豪華な食事に高いシャンパンを惜しげもなく飲むくせに、自宅で友だち同士で飲む際には、簡素なラスクとパテだけ。ワインもグラスではなくコップに注ぐリラックスぶりから、彼らの気の置けない仲がよくわかる。ただし、そこで交わされる会話は、自分たちの老いと今後の命の心配。そのわびしさがたまらない。

アメリカやヨーロッパのギャングたちがワインとご馳走を楽しむなら、アジアの男たちはどうだろう。香港を代表する映画監督ジョニー・トーの映画では、食事は何より重要な要素になる。暴力や裏切り、友情や恋愛を描きながら、そこには必ず豊かな食事風景が顔を覗かせる。この監督にとっては、食べることは、生きることや死ぬことと同じくらい人生に欠かせない行為なのだ。そしてただ美味しいものが映るだけではなく、調理風景がたっぷりと映るのも、ジョニー・トー映画の特徴だ。『エグザイル／絆』(二〇〇六年)では、旧友同士の男たちが、ある事情から戦わざるを得なくなるのだが、壮絶な銃撃戦をくりひろげるなか、あるとき突然一時休戦する。

続いて彼らがするのは、なんと食事の準備。鍋を取り出し、美味しそうな料理を次々につくると、テーブルの上に豪華に広げていく。次の瞬間には、敵と味方の境界線はすっかり消えうせ、かつての友人関係に戻ったようにみんなで笑いながら食事を楽しんでいる。ただし、束の間の団欒《だんらん》は食事の終了とともに終わらざるを得ない。食べ終えれば殺し合う。食べることと生死の問題はまったく同列の問題なのだ。

ここしばらく新作を発表していないジョニー・トーだが、二〇二〇年には、香港を代表する七人の監督たちによるオムニバス映画『七人樂隊』が発表された。ジョニー・トー編は二〇〇〇年代の香港を舞台にした「ぼろ儲け」。株で大儲けを狙う三人の男女が株価と社会情勢について語り合うだけの会話劇だが、その舞台になっているのは大衆食堂で、画面にいろんな食事が映り込むのが、いかにも彼らしい。

食事映画として有名なジョニー・トーの映画で、めずらしくワイン映画として楽しめるのが、『ヒーロー・ネバー・ダイ』(一九九八年)。香港暗黒街で生きる男たちの悲しい友情を描いた本作では、ワインが大事な道具として使われる。対立する二大組織に属する殺し屋ジャック(レオン・ライ)とチャウ(ラウ・チンワン)は宿命のライバル。そのふたりが馴染みの酒場に女連れでやってくる。まずは牽制、とばかりに互いにワインの入ったグラスをコインで弾きとばしてみせるが、それぞれ持ち寄ったワインのどちらを飲むかで店の雰囲気は一気に緊迫する。そこで女のひとりが提案する。今日は仲良く一本を飲み、もう一本は次回のためにキープしておこうと。こうしてジャックとチャウの札がかけられたワインボトルが酒場の棚に飾られる。男ふたりの間に生まれた友情と、その証しとなる一本のワイン。しかしその栓が開けられるときは永遠にやってこない。裏社会を生きる男にはウイスキーやブランデーがよく似合うが、真っ赤な色をしたワインは、互いの血を流さずには友情さえ築けない、男たちの悲しい運命を予感させる。

『現金に手を出すな』のようにはっきりと老いを扱ってはいなくても、どこか時代に取り残されたような男たちを見るなら台湾映画『憂鬱な楽園』(ホウ・シャオシェン監督、一九九六年)がぴったりだ。社会からあぶれた中年男ガオ(カオ・ジエ)は、ギャングやヤクザというより、冴えないごろつきといった風情。ガオは、喧嘩っ早い弟分(リン・チャン)とその彼女(伊能静)とつるみながら、台北でだらだらと退屈な日々を送っている。いつか大陸でレストランを開きたいという夢を持ってはいるが、人生の先行きはまったく見通しがつかない。なりゆき任せの日々を送れるほど若くはないが、引退するにはまだ早すぎる。自分は結局何も成し遂げず、何者にもなれないまま老いていくのかと、酒を飲んではは絶望する。

ヤクザ者としてはうだつの上がらないガオだが、レストラン経営を夢見ているだけあって、料理の腕前はなかなかのもの。父親の経営する食堂では中華鍋で次々に美味しそうな料理を振る舞ってくれる。ガオを演じたカオ・ジエは元々料理人で、だからこのシーンが生まれたのだろう。つくり方もそうだが、彼らの食事の仕方はいかにも大衆食堂的だ。弟分の兄の家に招かれた際には、客人をもてなすためかテーブルの上に野菜や肉料理がずらりと並んでいるが、どれも家庭料理といったふうで、みな気楽な様子。ガオたちもまた、席につき礼儀正しくごはんを食べたりはしない。自分のごはん茶碗を抱えてうろうろ歩きまわり、ずらりと並んだお皿から、おかずだけ箸でつまみ、ときには汁を白ごはんにかけながら、だらだらと食べつづける。その無作法な食事の様子がいかにも美味しそうで、何度見ても見惚れてしまう。高級なスーツを着込むのとは違う、柄物のシャツをだらしなく着た悪い男たちの食事風景。思わず真似したくなる場面だが、その楽しげな時間のなかに、居場所が見つからない者たちのわびしさが一瞬透けて見える。

食べることの幸福を思い出す最後の晩餐

『ソイレント・グリーン』（一九七三年、アメリカ）
監督：リチャード・フライシャー
出演：チャールトン・ヘストン、エドワード・G・ロビンソン

地球温暖化に伴う異常気象が続き、さらに国内外の政治に目を向ければ、連日怒り呆れるしかないニュースばかり。未来を想像すると滅入るばかりで、せめて映画を見るときには、できるだけ明るいものを見たいと思ってしまう。フィクションの

なかだけでも幸福な今を見たい。明るい未来を想像したい。それなのに、なぜかより暗く、救いようのない現実や未来を映した映画に強烈に惹かれてしまうことがある。陰鬱な人類滅亡物語や、腐敗しきった政府によって市民が犠牲になる政治劇。現実に絶望しているはずなのに、より悲惨な物語を求めてしまうのはなぜなのか。現実の酷さに辟易するからこそ、それを凌駕する悲劇を見たいのかもしれない。映画はときに、矛盾した欲望を引き起こすものだから。

近未来を舞台にした『ソイレント・グリーン』は、そんな気分で見るにはうってつけの映画。いわゆる人類の終末を描いたアメリカ製SF映画で、その後味の悪さと皮肉な物語展開が、カルト的な人気をもつ作品だ。監督は『ミクロの決死圏』(一九六六年)、『絞殺魔』(一九六八年)を手がけたリチャード・フライシャーで、原作はSF作家ハリイ・ハリスンの『人間がいっぱい』(一九六六年)。

物語の舞台は二〇二二年のニューヨーク。人口が爆発的に増え、気候変動で環境が破壊されたこの世界は、深刻な食料危機に陥っている。貧富の差はますます広がり、一般市民はみな、電気もろくに通らない家で暮らすしかない。もはや手の施しようがないほど進行した食糧難により、今や高級品となった本物の食料にありつけるのは一部の特権階級だけ。多くの人々は政府から週一回配給される四角い固形の栄養食品「ソイレント」を食べ、どうにか日々を過ごしている。そんななか、ソイレント社の幹部サイモンソン（ジョセフ・コットン）が、自宅の豪邸で何者かに惨殺される。会社は、近ごろ海中プランクトンが原材料だという画期的な新製品「ソイレント・グリーン」を発表したばかり。いったいサイモンソンの身に何が起きたのか。物語は、この謎の殺人事件から幕を開ける。

事件を捜査するのは、殺人課の刑事ソーン（チャールトン・ヘストン）。彼はソイレントの食事だけで生き延びてきた世代で、本物の食べ物など、目にしたことも口にしたこともない。だからサイモンソンの家で冷蔵庫に隠されたステーキ肉や新鮮な野菜を発見したソーンは、役得とばかりにそれらを自宅へ持って帰る。刑事とはいえ薄給の身。これくらいのズルは許されて当然、というわけだ。

ソーンが住むアパートには、少し風変わりだが知識豊かな老人ソル・ロス（エドワード・G・ロビンソン）が住んでいる。彼は食料が配給制になる前の世界を知る貴重な世代。すでに世間から姿を消した大量の書物を持つソルは、ソーンの「ブック＝生き字引き」として捜査の手助けをしている。いつも「昔はこんな世界じゃなかった」と嘆いてばかりのソルに半ば呆れながらも、ソーンはこの老人の類い稀な知識に一目置いている。

ある日、事件を調べてもらうお礼として、ソーンはサイモンソンの家から盗んできた一冊の本と食料品をソルに渡す。ブランデー、牛肉、セロリ、そして新鮮なりんご。何十年も目にしていなかった食べ物を前に、ソルは「信じられない」と歓喜の涙を流す。この世界で本物の食べ物を目にするのは、奇跡に近い出来事なのだ。

ソルの調査により、ソーンは、ソイレント社の抱える何らかの秘密が、サイモンソン殺害に関連しているらしいと気づく。事件の裏には、巨大な陰謀があるようだ。俄然張り切り、力ずくで関係者を取り調べていくソーン。だが上司からは、なぜかただの強盗事件として片付けるよう強制されてしまう。それでも捜査を続けるうち、ソーンは何者かから命を狙われるようになる。また彼は、サイモンソンが「家具《ファーニチャー》」として保有していた美しい女性シャール（リー・テイラー＝ヤング）に惹かれていく。ただしシャールはあくまで「家具」。この世界では、見た目の美しい女性たちは、裕福な男に身体を買われることで生計を立てているのだ。シャールもまた、野性味あふれるソーンに惹かれるが、すべてを捨て、貧乏な暮らしを選ぶほどの覚悟はない。ふたりの淡い恋愛関係は、現実を前に悲しい結末へと向かっていく。

自分と同じように「ブック＝生き字引き」として働く仲間と一緒にソイレント社について調べていたソルは、ついに真実へとたどり着く。会社が隠していたのは、想像以上に恐ろしい秘密だった。知らずにはいられない、けれど決して知りたくはなかった真実。ソルは絶望し、ある場所へ向かう。「ホーム」と呼ばれるその場所は、いわゆる安楽死施設。自ら死を望んだソルを止めるため慌てて「ホーム」へ向かったソーンは、年老いた旧友から驚愕《きょうがく》の真実を知らされる。

ソイレント社が抱えた真実とは何なのか？　ソーンたちの生きる社会の根底には何が隠されているのか？　映画は、謎を追及しながら、社会が抱える闇を否応なく暴き出す。劇中の二〇二二年の地球を逼迫する人口増加や食糧難は、あくまでもSFの世界での話。けれど、私たちにとってこれはただの絵空事ではない。深刻な環境汚染とそれに伴う気候変動によって地球が壊れていくさまを、私たちは日々目にしているのだから。

『ソイレント・グリーン』は、社会に隠された秘密を、人々に見せつける。私たちが手にするものがいったいどこからやってきたのか。工場のベルトコンベアによって運ばれていく材料が、どのようにして製品へと姿を変えるのか。誰もその過程を見ようとはしないけれど、そこには重要な真実がある。知るにはあまりにも残酷な事実。それでも私たちは現実を見なければいけない。やがて映画は、意味深なラストシーンによって幕を閉じる。その先に何が起こるのかは、見る者がそれぞれに想像するしかない。

　陰鬱な物語のなかで、ソーンとソルが唯一本当に幸せな時間を過ごすシーンがある。サイモンソンの家から持ち帰った材料をもとに、ソルがフルコースを用意し、ふたりで食事をする場面。隠しておいたとっておきのカトラリーを広げ、手料理を披露するソルの顔は実に満足げ。まずはサラダを食し、次に牛肉を煮込んだメイン料理。料理と合わせるのはこちらも本物のブランデー。ゆっくりとその味を楽しんだふたりは、最後、デザートへと手をつける。ツヤツヤに磨かれた小ぶりのりんごがふたつ。思い切って噛みついたソーンは、その瑞々しい果肉にしばし茫然とする。一方ソルは、同じように噛みついたものの衰えた歯では噛みきれず、残念そうに、ナイフで少しずつりんごを削っていく。その顔には、「若いころは俺だって」という悔しさが滲んで見える。

　それぞれの方法でデザートを食べきったふたり。手元に残ったのは小さなヘタだけ。あまりの美味しさに芯も食べ尽くしてしまったのだろう。満足げに笑うソーンの前で、ソルは少しだけ寂しげだ。昔はこんな食事は当たり前だった。それがどうしてこれほど難しくなってしまったのか。もはや二度とありつけないだろう、一夜だけの特別なディナー。彼らが最後の晩餐で口にするのが、人類が初めて食した果実と言われるりんごなのは、なんとも皮肉的だ。この最後の晩餐がどれほど幸福な一夜だったたか、その真の意味がわかるのはもう少し先のこと。

劇中で強い印象を残すソル役を演じたのは、『犯罪王リコ』（マーヴィン・ルロイ監督、一九三〇年）をはじめ、一九三〇年代、数々のギャング映画に主演し人気を博した名優エドワード・G・ロビンソン。四〇年代後期、ハリウッドで共産主義者を一掃しようとする「赤狩り」旋風が巻き起こった際、ロビンソンはブラックリストに記載され、その影響から映画俳優としては低迷することになった。ある意味で、激動の俳優人生を歩んだ人といえる。それでもブロードウェイに拠点を移し活躍を続けたあと、晩年はいくつかの映画に再び出演する。一九七三年に死去。遺作となった『ソイレント・グリーン』には、ロビンソン自身が歩んできた苦難の人生がたしかに刻み込まれている。

家事と労働と

『ジャンヌ・ディエルマン ブリュッセル1080、コメルス河畔通り23番地』（一九七五年、ベルギー）

監督：シャンタル・アケルマン
出演：デルフィーヌ・セリッグ

三〇代前半で、それまで勤めていた出版社を辞め、私はいわゆるフリーランスの立場になった。何か計画があったわけでも、自力で生計を立てられる自信があったわけでもない。ただ、大学卒業後一〇年近く働いて、そろそろ何か新しいことを始めてもいいのかもしれない、と思うようになったころ、たまたま映画本の編集や映画宣伝の手伝いをしないかと声をかけてもらう機会が増え、まあやれるだけひとりでやってみようと考えたのだ。しばらくは貯金を切り崩し、声がかかった仕事は手あたりしだいに引き受けた。けれどフリーランスでの生活はやはり苦しく、毎月決まった金額をもらえる会社員生活がどれだけありがたいか、会社を辞めてから半年ほどで、嫌というほど実感した。

徐々に湧き上がってくる不安をおさえるために私が決めたのは、日常の生活をそれまで以上に規則正しく律していくことだった。出勤の必要がなくても、毎朝決まった時間に起床し、朝九時から午後六時までの就業時間を守り、朝昼晩と三食をしっかり食べること。残業することはあっても、夜ふかしや徹夜はしない。土日や祝日はしっかり休む。酒はなるべくほどほどに。そうやって日常のリズムを保っていれば、仕事や収入がどんなに不安定になっても大丈夫、そう思えた。

当時押しつぶれそうなほどに感じていた不安の念は、仕事が軌道に乗るにつれ徐々になくなっていったが、二〇二〇年春、新型コロナウイルスの感染拡大が広がっていったとき、再び同じ心配に直面した。この時期、全国の映画館が休業し、新作映画の紹介をしたり、監督たちに取材をする自分の仕事も、必然的に一時休止となった。このまま仕事がいっさいなくなってしまうのではないか。本当に元に戻る日は来るのだろうか。どんなに平静を保とうとしても、次から次へと不安が湧いてくる。それを振り払うために、私はそれまで以上に家事に真剣に取り組みはじめた。

我が家は夫と私のふたり暮らし。家事はなるべく平等に分担していて、朝食以外の料理は基本的に私の役目、かわりに夫は後片付けを担当している。コロナ禍でふたりとも毎日三食を家で食べることになり、私の仕事は自然と増えていった。けれどそれが負担になるわけではなく、むしろ私は毎日の食事を思い通りにコントロールすることに夢中になった。日常のリズムを正確に保ち、無駄を省き、効率よく予定を進めていく。感染状況が悪化し外出が制限されればされるほど私は張り切り、毎日計画を立てては家事をこなしていった。パンづくりにも手を出し、さらに日々の予定が細かくなった。頭のなかにはつねに献立の計画があり、一緒に買い物に行った先で、夫が何の気なしに予定外のものを買おうとしたり、別のメニューを提案したりすると、私はとたんにイライラした。今思うと、そんなことで、と呆れてしまうが、当時は自分の決めたリズムを壊されるのが怖くて仕方なかった。規律が壊された瞬間、日常の不安定さや先行きの見えなさに飲み込まれてしまう、そんな気がしたからだろう。

シャンタル・アケルマン監督の映画が二〇二二年に東京で特集上映され、彼女の代表作『ジャンヌ・ディエルマン　ブリュッセル１０８０、コメルス河畔通り23番地』を見直したときに思い出したのはまさに、コロナ禍で不自然なくらいに日常のリズムにこだわった自分自身だった。この映画でデルフィーヌ・セリッグが演じるのは、ベルギーのブリュッセルに住む主婦。夫の死後、高校生の息子をひとりで育てる彼女は、毎日決められたリズムにそって家事をこなし、息子の世話をする。食事の準備から部屋の片付け、買い物、ちょっとした休憩の風景まで、映画は、主に女性が課せられる家事労働の実像をありのままに映し出す。驚くのは、一連の家事労働作業のなかに、彼女の生計を成り立たせる売春業が、さもあたりまえのように組み込まれていることだ。彼女はきれいにシーツを広げたベッドに常連客を迎え入れ、いつも寝ている自分のベッドの上で売春をする。その最中の光景は画面には映らない。だが寝室にふたりが消えたあと、男が彼女に金を渡し、次の予約をすることで、ここで何が行われているのかがはっきりと示される。ジャンヌは、代金を受け取ると居間の陶器のなかに仕舞い込み、買い物の際にはそのお金を抜き出し、息子と自分の食料を買いに行く。

カメラはつねに定位置に置かれ、ジャンヌの日常風景を文字通り淡々と映し出す。キッチンの椅子に座ってじゃがいもの皮をひたすら剝くのとまったく同じ様子で、彼女は男の客を家に迎え入れ、ベッドの上で仕事をする。彼女の様子から、家事と売春のどちらも、単に労働の一種だと捉えているのがよくわかる。じゃがいもの皮剝きも、客とのセックスも、息子の靴磨きも、彼女にとっては等価な労働にすぎない。生きるのに必要な労働だからしているだけ。『ジャンヌ・ディエルマン』という映画がフェミニズム映画の金字塔といわれる理由は、まさにここにある。主婦という肩書きの女性の数日間を克明に記録したことに加え、家事と売春という、一見結びつかないようでいて多くの女性が従事する仕事をまったく公平に並べてみせたのだ。その過激さが、製作時から五〇年という時を超えて、現代の女性たちにも大きな衝撃をもたらしたのだろう。

ジャンヌの日常を成り立たせるのは、どこまでも規則正しいリズムだ。毎日、決められた時間に決められた作業をする。そのくりかえしが、彼女の生活を成り立たせ、精神を支えている。だからこそ、日常のリズムが一度崩れはじめたとき、彼女の精神は崩壊していく。最初はほんの些細な破綻から始まる。いつも淹れているコーヒーがなぜか美味しくない。何度たしかめてもおかしな味で、彼女は仕方なくポットに入れたコーヒーを捨て、もう一度淹れ直す。それから少しずつ何かがズレていく。じゃがいもを煮すぎてしまう。買い物に二度も行く羽目になる。夕食の時間がいつもより遅くなる。そんなちょっとしたズレが重なり、混乱した彼女の日常はついに最大の破綻を迎えることになる。
なんてことはない家事の失敗が、なぜそこまでジャンヌを追い詰めたのか。私にはその理由がよくわかる。先行きの見えない日常で自分を保つには、自らつくりだした規律に従えばいい。そう決めたジャンヌにとって、規律を失うことはすべてを失うことに等しかったのだ。夕飯用につくるはずの料理に失敗したとき、買うべきものを買い忘れたとき、唐突に、もう終わりだ、すべてはダメになってしまったと絶望し泣き喚いた経験がある人には、ぜひ『ジャンヌ・ディエルマン』を見ることをおすすめしたい。あなたの絶望を誰より知る人が、ここには映っているから。

ところで、この映画の撮影風景を捉えたドキュメンタリー『《ジャンヌ・ディエルマン》をめぐって』もまた、素晴らしい映画だった。当時、デルフィーヌ・セリッグの恋人だった俳優のサミー・フレイが撮影した映画で、これを見ると、まだ二〇代だったシャンタル・アケルマン監督が、すでに俳優としての地位を確立していたセリッグとどのようにこの伝説的な映画をつくりだしたのかがよくわかる。アケルマンとセリッグはときに互いの意見をぶつけ合い、またときには和やかに談笑しながら撮影を進めていく。なかでもおもしろいのは、ジャンヌがカツレツをつくるシーン。自分の祖母のレシピに沿ってカツレツをつくろうとするアケルマンは、ひとつひとつの工程を丁寧に説明するのだが、おそらくまだ若い監督自身、そしてセリッグも家事には縁がなく、カツレツなどつくったことがないのだろう。肉にいきなり卵をつけようとして「先に小麦粉じゃない？」とスタッフの誰かが突っ込んだりと、撮影に悪戦苦闘する様子が見ていておかしい。

さらにおかしいのは、ジャンヌ＝セリッグが料理の下準備をする際には、どんな作業もまな板など使わずキッチンのテーブルの上で行うこと。カツレツをつくるときも、テーブルの上に直接肉を載せ、小麦粉やパン粉をつける。最初に『ジャンヌ・ディエルマン』でこの場面を見たとき、なるほどブリュッセルではまな板を使わず、テーブルの上で直接肉の調理をするのかと驚きつつも納得したのだが、このドキュメンタリーを見てびっくりした。セリッグは一連の作業を終えたあと、スタッフから「撮影後にこのカツレツを食べる？」と聞かれ「やめておきましょう。テーブルの上で調理した肉なんて汚いし」と話すのだ。実際にあの場面を演じた彼女自身、テーブルの上で直接調理をするのを「汚い」と思っていたなんて。ブリュッセル風の調理風景だと思っていたのは、単に料理慣れしていない製作者たちから偶然生まれたものだったらしい。長年の謎が解けたようで、思わず笑ってしまった。

パン生地を捏ねる人々

『彼が愛したケーキ職人』（二〇一七年、イスラエル）

監督：オフィル・ラウル・グレイザー
出演：ティム・カルクオフ、サラ・アドラー

「コロナ禍」という言葉が世間にあっというまに広まった二〇二〇年三月。このころより、徐々に街から人の姿が消え、ドラッグストアの棚からは、マスクに続き、トイレットペーパーやティッシュペーパーなど、生活必需品が次々に消えていった。そしてスーパーマーケットでは、小麦粉やホットケーキミックス、ベイキングパウダー、ドライイーストなどもたちどころに姿を消した。どうやら家にこもらなければ

ばならなくなった人たちが、みなパンやお菓子づくりに精を出しはじめたらしい。かくいう私も、まんまとそのブームの仲間入りをしたひとりだ。

最初は、ちょっとパンでもつくってみようかな、くらいの軽い気持ちだった。外出制限により買い物にも行きづらくなり、なかなか美味しいパンが手に入らない。それならと、ネットで見つけたレシピをもとにまずはごく簡単なパンをつくってみた。完成品は不格好で店で買うものとは歴然の差があったけれど、焼きたてのパンはやっぱり美味しかった。そうして何度かつくるうち、どうせならもう少し高度なものを、形も改良して、と向上心が湧き、気づけば道具やレシピ本が増え、ついには酵母づくりにも手を出すように。夫婦ふたりの生活なので、食べすぎないように気をつけつつも、ほぼ毎日パン生地を捏《こ》ね、ときにはケーキやクッキーを焼くようになった。スーパーの棚に小麦粉が戻り、以前のように外出できるようになったあとも習慣は変わらなかった。今でも、私は酵母を育て毎日パンを焼いている。

どうしてそれほど夢中になったのか、自分でもよくわからない。材料を計量し、工程を間違えないよう集中しながら、粉を混ぜ、生地を捏ね、発酵させ、オーブンに入れて時間をはかる。その過程すべてが自分の日常のなかに規則正しいリズムをつくりだし、気持ちがすっと落ち着いていく。何かを無心でつくる、という行為そのものが楽しくてしかたない。原稿がうまく書けないときこそついパンづくりに熱が入るのは、文字の代わりとなる何かを生産している気になるからなのか。そういえば、ダグ・リーマンが二〇二一年に監督した『ロックダウン』では、ロックダウン中に関係が悪化した同棲中の恋人たちの関係を描くなかで、彼氏のほうがパンづくりをしようと思いつき、アン・ハサウェイ演じる彼女が「お願いだからパンづくりだけはやめて！　買ったほうが絶対美味しいんだから!!」と必死で止める、という場面があった。パンデミックの最中にパンづくりブームが訪れたのは、どうやら万国共通だったらしい。

そんな具合ですっかり新しい習慣に目覚めた私は、パンやお菓子づくりを描いた映画についつい目が向くようになった。パンが登場する映画やドラマといえばやはりフランスの作品が思いつく。Netflixドラマ『エミリー、パリへ行く』で、リリー・コリンズ演じる主人公のエミリーが、パリに着いて早々焼きたてのパン・オ・ショコラを食べて感動に震えるシーンがあったように、美味しそうなパンがあちこちで甘い匂いを漂わせているフランスなら、パン映画が多いのは当然だ。

とはいえ、店頭に並ぶパンが映ることはあっても、カメラが店の内部にまで入りこみ、生地を練ったり焼いたりする場面まで映した作品はそれほど多くない。だからこそ、その過程を映した映画を発見するとうれしくなる。アニエス・ヴァルダ監督がパリ一四区の小売店で働く人々にカメラを向けたドキュメンタリー『ダゲール街の人々』（一九七五年）では、何十年もパン屋を営んできた夫婦の姿が映される。定番の長いバゲットや丸い籠に入れて発酵させたカンパーニュ。ふっくらと膨らんだ生地が次々に窯のなかへ入れられ、こんがりと焼けたパンが店頭に並べられていくさまは、何度見ても惚れ惚れする。クレール・ドゥニ監督の『ネネットとボニ』（一九九六年）も大好きなパン映画のひとつ。別々に育った若い兄妹の久々の再会から物語が始まるこの映画では、ヴィンセント・ギャロがパン職人役で登場し、官能的な手つきでパンを捏ね焼きあげる。フランス以外では、モロッコの伝統的なパンがたくさん出てくる『モロッコ、彼女たちの朝』（マリヤム・トゥザニ監督、二〇一九年）や、「羊飼いのパン屋さん」が登場する日本のドキュメンタリー『Shari』（吉開菜央監督、二〇二一年）がおすすめ。

つくり方は国や文化によってそれぞれ違っても、粉をふるい、生地を捏ね、成形する手つきは、どれもうっとりと見惚れてしまうほどに美しい。イスラエル出身で、現在はドイツに在住するオフィル・ラウル・グレイザー監督の初長編『彼が愛したケーキ職人』では、パンやケーキの生地を捏ねる動作が醸し出す官能性が、その物語と見事に重なり合う。ドイツのベルリンにあるカフェで働くケーキ職人のトーマス（ティム・カルクオフ）は、イスラエルから出張でやってきたオーレン（ロイ・ミラー）という男性客と親しくなり、逢瀬を重ねる。オーレンに妻子がいるとわかっていても、甘いお菓子が紡いだ男たちの恋は熱く燃え上がる。だが、ある日オーレンが交通事故で急死し、事態は大きく動き出す。

悲しみに沈むトーマスは、オーレンが住んでいたエルサレムへと旅立つ。そして彼の妻アナト（サラ・アドラー）が営むカフェを訪ねると、自分の正体を明かさぬまま従業員として働き出す。亡き恋人の面影を求めてか、それとも彼が愛した家族を知りたいと思ったからか。もしかしたらトーマス自身、なぜ自分がそんな行動をとったのかわかっていないのかもしれない。アナトは突然やってきたドイツ人の彼を不審がりながらも、人手が足りないこともあり、すぐに彼を雇うことにする。

やがてアナトとオーレンの息子イタイの誕生日用に焼いたトーマスのクッキーが評判となり、店は大繁盛。なかでもトーマスが得意とするのは、ドイツ風のシナモンクッキー。小麦粉と砂糖、バターなどシンプルな材料しか使っていないという簡素な丸い形のクッキーには、シナモン風味がかすかに利いていて、チョコやアイシングクリームでデコレーションすれば色鮮やかに姿を変える。クッキーの味に魅了された客たちは、トーマスのつくるお菓子をもっと食べたいと、次々に注文する。チョコのかかったパイやナッツ入りのパン、アップルパイ、ドイツの名物である黒い森のケーキ。最初はコーヒーにそっと添えられていただけの一枚のクッキーが、種々様々なお菓子へと姿を変え、殺風景だったカフェの雰囲気を、そしてアナトたちの人生をも大きく変えていく。

カフェが繁盛するにつれ、トーマスとアナトの距離は徐々に縮まっていく。カフェを経営しているがケーキやパンづくりは得意じゃない、と言う彼女に、トーマスは自分のレシピを教え、生地づくりのコツを教える。彼らがつくっているのはケーキのようだが、イーストを使って手で捏ねているのを見ると、パン生地のようにも見える。生地づくりで一番大事なのは生地の温度を一定に保つこと。手が冷たいと生地はうまく伸びてくれない、と彼は言う。焦らず、ゆっくり手のひらの熱で生地を温めていけばいい。柔らかくふくらんだ生地を丁寧に捏ね、温かい手で平たく伸ばし、型をとる。その手つきはあたかも誰かの皮膚に触れ、愛する人の体を撫で抱きしめるようで、それを横で見つめるアナトの心に、やがて小さな炎が灯る。トーマスもまた、自らのセクシュアリティや過去の恋については語らぬまま、自分を求めてきたアナトの体を抱きしめる。

だがアナトはまだ知らない。自分が愛しはじめた男が、亡き夫の恋人だったことを。秘密は、彼らの運命を変えたクッキーにも隠されていた。実はトーマスがつくるシナモンクッキーは、オーレンがベルリンのカフェを訪ねるたび、家族へのおみやげとして買っていたものだ。何も知らないアナトに、「そういえば、あなたのつくるクッキーは、亡くなった夫がいつも出張先で買ってきたクッキーによく似てる」と言われ、トーマスは黙り込む。愛した人の好物、そして自分たちを結びつけた思い出の品を、残された妻と子のためにつくりつづける。そこには、密かに悲しみを共有したいという切なる願いとともに、かすかな復讐心が垣間見える。

ふたりの関係を苦々しく見つめる者もいる。厳格なユダヤ教徒であるアナトの兄。彼は、最初からドイツ人であるトーマスを敵対視し、アナトやイタイと親しくなりすぎないよう目を光らせている。そもそもこの地では非ユダヤ人はオーブンを使えないという厳格なルールがあり、トーマスがお菓子やパンをつくるのはルール違反なのだ。そしてこのルールがいつしか大問題に発展する。

明らかに人種差別主義者であり、自分と異なる者を徹底して排除しようとするアナトの兄の描かれかたからは、グレイザー監督のイスラエルという国に対する批判的な視線が見てとれる。一方で、差別や不寛容を排除し、個人間の親密な関係のなかに他者との共生の希望を見出したい、そんな切なる願いがこの映画から感じられてならない。

同じ男を愛し、ある日突然その存在を失った男と女は、厨房のなかで心を通じ合わせていく。トーマスが抱える秘密とそれぞれの出自をめぐる複雑な背景が、ゆっくりと近づいた彼らの距離を再び遠ざけてしまうのか。清潔な厨房で静かに生地を捏ねていたふたりの姿が、幸福なひとときとして心に残る。

白玉団子が招いた夫の帰還

『岸辺の旅』（二〇一五年、日本）

監督：黒沢清
出演：深津絵里、浅野忠信

手軽につくれて、なんてことのない素朴な味。でも当人たちにとっては重要な意味を持つ。黒沢清監督の『岸辺の旅』に登場する黒胡麻餡《あん》の白玉団子はまさにそう。三年前に失踪し、行方がわからなくなった夫の勇介（浅野忠信）の帰りを待ちつづける妻の瑞希（深津絵里）は、ある日、スーパーの棚に置かれた白玉粉にふと目を留める。そして夜、彼女はひとりで静かに白玉団子をつくりはじめる。まずはすり鉢で黒胡麻の餡を練り、粉からつくった生地に包むと、お湯をはった鍋にひとつまたひとつと放り込む。すると鍋のなかで、文字通り、白く小さな玉がゆっくりと茹で上がり、ふるふると震え出す。手のひらで生地を捏ね、ぽちゃりと水に沈める音はどこか官能的で、少しだけ不穏さも感じさせる。

白玉が浮かび上がるまでをじっと見つめるうち、暗い部屋のなかにふいに夫の勇介が姿を現す。瑞希は驚きながらも、彼の出現をどこかで予感していたようだ。勇介のほうは平然とした様子で、熱々の白玉を口にし、満足そうに笑みを浮かべる。すっかり食べ終えた彼はこうつぶやく。「俺、死んだよ」。実は彼は三年前にすでに亡くなり、瑞希に会うため、ここまでずっと歩いてきたという。艶々と光る白い団子が、勇介をこの世に呼び寄せ、夫婦の再会をもたらしたのだ。

妻は夫の死を受け入れ、夫婦は最後の旅に出ようと約束する。それは、ここにたどり着くまでに、勇介がお世話になった人々を訪ねる旅となる。彼らが出会う人々は、もちろん生きている人もいれば、すでに死んでしまった人もいる。なかには死者と共に生きようとし、うまくいかずにもがいている者もいる。この映画では、生と死の境目はいつも曖昧で、彼らはふわふわとその境界線を漂いつづける。

そもそも勇介自身、本当に死んでいるのかよくわからない。自分の身体はすでに海の蟹に食われてこの世にはないと彼は語っていたが、だからといって幽霊らしく透けているわけでも足がないわけでもない。靴を履いたまま家に上がり込んだことに慌てたりもする。瑞希が抱きついても、その肉体はびくともしない。生きている人間と同じように白玉を食べ、睡眠をとる。だいたい、出現の仕方からしておかしい。何もない空間からうっすらと体が浮かび上がるとか、空間の歪みから不気味に現れるでもなく、まるでさっきからそこにいた、というようにふいに彼は姿を現す。

けれど黒沢清監督の映画を見つづけてきた人なら、勇介のような奇妙な存在の仕方をすんなりと受け入れてしまうはずだ。黒沢清という人は、いつも境界線についての映画をつくりつづけてきた人だから。境界線とは、つまり「こちら側」と「あちら側」とを分けるもの。黒沢映画の登場人物たちは、さまざまな境界線を超越し、本来この世界には、「こちら側」と「あちら側」なんてものはないのだと宣言する。『CURE』(一九九七年)では、もともとは人々に催眠をかけ猟奇殺人を誘引する犯罪者がいて、彼を追う刑事がいるという、絶対的な悪と正義の境界があったはずが、気がつけば彼らの関係は反転し、悪と正義の関係はどこまでも曖昧になっていく。

『回路』（二〇〇〇年）では、パソコンという回路を通して「生者」と「死者」が混ざり合う。太平洋戦争直前の日本を舞台にした『スパイの妻』（二〇二〇年）も同じ。日本という国の「敵＝スパイ」は誰なのか、という謎を追う話でありながら、いったい誰が敵で誰が味方なのか、戦争において正義とは何なのか、その境界は最後まであやふやだ。

だから『岸辺の旅』という映画が、生きている者と死んでいる者との境界を踏み越えていくのは当然だ。勇介はたしかに死んでいる。でも彼が今どんな状態にあり、瑞希との間にどんな違いがあるのかなんてどうでもいい。彼らは旅を続け、生と死、この世とあの世、過去と未来、そして私とあなたというあらゆる境界線を越えていく。同時に、彼らは日本中を旅し、いろんな人たちと交流しながら、かつての自分たちの関係を振り返る。勇介はなぜ自分を置いて家を出たのか。彼はどんなふうに死んだのか。そして彼が隠していたある秘密とは。ふたりはときに激しく喧嘩し、離れ離れになってしまう。ここでもやはり白玉団子がふたりを結びつける。再び消えてしまった勇介を呼び戻そうと、瑞希は以前よりもかなり性急に生地を捏ねる。テーブルに白玉を置いたとたんにゆっくりと勇介が現れる様子は、滑稽なようでいて、涙が出そうなほど美しい。

いったいこの白玉にどんな思い出があるのか、なぜそれほど重要な味なのかは最後まで明かされない。ただ勇介の好物だった、という単純な理由かもしれない。答えがどうであるにせよ、死者を呼び寄せるほどの何かが、この小さな団子にこめられているのはたしかだ。何より、夫婦の思い出の食べ物が白玉であるというのが絶妙だ。たとえばこれがおにぎりだったら、妻が愛する夫のために愛情を込めてにぎった、という感じがして、少し重すぎる。パンだとしたら、生地を捏ねて発酵させ焼くまでには時間がかかりすぎて、夫が戻ってくるまでに気持ちが冷めてしまいそうだ。ケーキやクッキーのようなお菓子では甘ったるすぎる。カレーやシチューはよさそうな気がするが、食べ切るまでに時間がかかりそう。やはり、思いついたときにさっとつくれてすぐに食べ切れる、でも出来上がるまでには丁寧な工程が必要な白玉団子がぴったりだ。

夫婦ふたりの旅は、やがてひとつの終わりを迎える。その旅路を見届けたあと、私は白玉粉と黒胡麻を買いにいこうと心を決めた。

おとぎ話の甘いケーキがもたらすもの

『ロバと王女』（一九七〇年、フランス）
監督：ジャック・ドゥミ
出演：カトリーヌ・ドヌーヴ、ジャン・マレー

ときに切なく悲しい記憶と結びつくこともあるけれど、愛する人のためにおやつをつくることは、本来とても幸せで楽しいものだ。愛の告白の道具や、愛する人への贈り物としてつくられることももちろんあるだろう。ジャック・ドゥミが監督し、

『シェルブールの雨傘』（一九六三年）、『ロシュフォールの恋人たち』（一九六六年）に続きカトリーヌ・ドヌーヴが主演したミュージカル映画『ロバと王女』では、愛する人のために焼かれたケーキが登場する。その名は、ずばり愛のケーキ（ケーク・ダムール）。シャルル・ペローの童話をもとにしたこの映画は、架空の国を舞台にしたおとぎ話。愛する王妃を亡くした国王（ジャン・マレー）は、「自分と同じくらい美しく優しい女性を見つけて再婚するように」という妻の遺言を守るため、突飛な考えに囚われる。その考えとは、妻とそっくりな王女、つまり自分の娘と結婚するというものの（カトリーヌ・ドヌーヴが王妃と王女の二役を演じている）。父親への愛情はあるものの、実の親子が結婚するわけにはいかないと、王女は後見人である妖精に助けを求める。

妖精役を演じるのは、『去年マリエンバートで』（アラン・レネ監督、一九六一年）や『ジャンヌ・ディエルマン ブリュッセル1080、コメルス河畔通り23番地』（シャンタル・アケルマン監督、一九七五年）に主演したデルフィーヌ・セリッグ［267頁］。森に住む妖精だが、いつもナイトガウンのような優雅な衣服を纏い、ときにはヘリコプターによって登場する彼女は、どうやら国王との間に何か遺恨があるらしい。妖精は、「このまま結婚したほうがいいのかも……」とあまりにも熱烈な父からのプロポーズに揺らぐ王女を、

「子どもが親と結婚するなんて絶対に許されないことですよ」と諭し、策を練る。

　妖精の指示によって、王女は結婚の条件として無茶なプレゼントをねだることに。だが恐ろしい考えに取り憑かれた王はどんな無理難題にも応えてしまう。空色のドレス、月の色のドレス、太陽の色のドレス。そして王女が最後にねだったのは、王が大事にしているロバの皮。実はこのロバは、鳴き声と共に宝石を生み出す魔法のロバで、国宝に等しい存在だ。さすがに今回ばかりは無理だろうと思いきや、王は、王女の頼みならばとついにロバを殺し皮を剝いでしまう。絶望する王女に、妖精は「この皮をかぶって森に逃げなさい」と助言する。

　ロバの皮を被ったとたん、美しい王女は汚らしい見た目に変わり、他人から「不潔で醜いロバの皮」と呼ばれ蔑まれる。実際のカトリーヌ・ドヌーヴの美しさは何も変わらないのに、皮一枚で美醜が逆転するなんていかにもファンタジーらしい展開だ。突然天井から降ってくる妖精や杖から溢れる贈り物、口からカエルを吐く意地悪な女性など、ここでは非現実的な人物が次々に登場し、不思議な出来事ばかりが起こる。数々の魔法を表現するのは、逆再生やスローモーション、多重露光など古典的な特殊効果。煌《きら》びやかに輝く王女のドレスから、白い猫型の王の椅子、青と赤に塗られた馬たちなど、奇想天外なアイディアを具現化した美術や衣装にも目を奪われる。

ただし、監督のジャック・ドゥミ自身はさらに本格的なおとぎ話の具現化を目指していたようで、この映画の製作に関しては、予算が足りず、美術面で妥協せざるを得ない場面が多かったのだという。たしかに、セットではなく実際の城や街、森に美術セットを置いて撮影された本作は、完璧なセットをつくり大量のエキストラを用意できるハリウッド映画に比べて、どうしても貧相に見えるかもしれない。でも、リアルなフランスの風景と、監督の考えるおとぎ話の風景とがアンバランスに混ざり合う、その奇妙なねじれこそが、この映画を稀有なものにしているように思う。現実と想像力がぶつかり合い、ときに軋みが生じても強引に前に進んでいく、それがドゥミのつくるミュージカル映画の魅力だ。

身分を隠し下女として働きはじめた王女は、森にある小さな小屋で暮らすことにする。誰にも見られない部屋のなか、魔法でこっそり元の姿に戻る瞬間が、気を休める貴重なひとときだ。そこに通りかかったのは、隣国の王子。小屋から反射する光に気を引かれ、王子がなかを覗き込むと、そこには見たこともない美しい女性が。一目で恋に落ちた王子は「あの女性は誰?」と尋ねてまわるが、村の人々は「あれは下賤《げせん》な〝ロバの皮〟。高貴なあなたとは釣り合いません」と言うばかり。

恋煩いから体調をくずした王子は、「〝ロバの皮〟のつくったケーキが食べたい」と命じ、すぐさま王女／ロバの皮のもとに使いが訪れる。話を聞いた王女／ロバの皮は、王子のため、本を見ながら張り切って愛のケーキ（ケーク・ダムール）をつくりはじめる。そういえば、お菓子や料理をつくるシーンはあっても、正確なレシピまで紹介される映画はそうそうない。料理番組ではないから当然だけれど、この『ロバと王女』では、ケーキのレシピまでしっかり言及される。それも、歌によって調理過程が読み上げられるのだからおもしろい。まずは小麦粉を片手で四杯分鉢に入れ、その真ん中に穴をつくり、新鮮な卵を四個、搾りたてのミルクと砂糖をふりかけ、よくかき混ぜる。良質なバターを一握りほど入れ、パン種（おそらくベイキングパウダーのこと）をひとつまみ。ハチミツを少々、塩もちょっぴり。生地を捏ねあげ、型にバターを塗りつけたらあとはかまどで焼くだけ。ちなみにこのケーキづくりの場面で、ドゥミは、ディズニーアニメの『白雪姫』（一九三七年）で、鳥やリスなど動物たちの手助けによって白雪姫が家事をこなす場面をイメージしていたらしい。

出来上がったのは、こんがりと狐色に焼けたシンプルなケーキ。王宮で待っていた王子は届いたケーキに思いっきり齧《かじ》りつくが、突然喉に何かが詰まる。出てきたのは美しい指輪。ケーキをつくるさい、王女がこっそり生地に練り込んだのだ。この指輪が指にはまる女性こそ、自分が恋した相手にちがいない。こうして王子の結婚相手探しが始まり、やがて誰もが納得のハッピーエンドを迎える。愛のケーキが結ぶ恋物語。甘いケーキと一緒に見るなら、これくらい幸福感溢れるおとぎ話がぴったりだ。ただし、ケーキにちょっぴり足された塩のように、その甘さには、ほんの少しの塩辛さも混ざっている。父と娘の結婚という近親相姦の予兆、疑いようのない家父長制、美しさだけが勝利を得る世界……おとぎ話に文句をつけだしたらキリがないと思いつつ、口に残ったかすかな塩気は、どうにも消えてなくならない。

おつまみ映画

『野良犬』

貴重な配給ビールと楽しむかぼちゃの煮付け

黒澤明監督
（1949年、日本）

不注意から拳銃を盗まれた若い刑事の三船敏郎。時代は終戦直後、蒸し暑い夏の東京を、ベテラン刑事の志村喬と一緒にひたすら歩き回り、犯人の行方を追いかける。一日の捜査を終えたあと、志村の家の縁側でふたりが飲むのは、当時は貴重な配給品だった瓶ビールと妻お手製のかぼちゃの煮付け。

『女は二度生まれる』

瓶ビールには中トロの寿司がよく似合う

川島雄三監督
（1961年、日本）

若尾文子演じる芸者・小えんは、夜な夜な、男たちの間を彷徨い歩く。いかにも日本酒が似合いそうな彼女の好みは瓶ビール。男と一夜を過ごした後、布団に寝転がってのビールが艶めかしい。パトロンの男を連れ、馴染みの寿司職人（フランキー堺）の店を訪れた際も、油の乗った中トロのお供に頼むのはやっぱり瓶ビール。

『魚影の群れ』

漁師の男が頼むのは「焼酎一杯とラーメン」

相米慎二監督
（1983年、日本）

青森の大間で漁師をする頑固親父とその一人娘。娘がある男と結婚を決意したことで父対婿の対決が始まる旧弊な構図、そして海での文字通りの死闘など、ほとんどホラーじみた話でもある。漁師の男たちが飲む酒はきまって焼酎。元漁師の男（三遊亭円楽）は、昼間の食堂で「焼酎一杯とラーメン」と笑顔で頼む。

『私をくいとめて』

ひとりの夜にはレモンのお酒とコンビニおでん

大九明子監督
（2020年、日本）

ひとり暮らしを満喫する女性みつ子（のん）の日常の食事風景を見るのがただただ楽しい。気になる相手を家に呼び、張り切って揚げた天ぷらも美味しそうだが、ひとりの夜、イタリアに住む親友から届いたリモンチェッロとコンビニのおでんで夕食を済ませてしまう、そのぞんざいなご飯のありかたがまたいい。

あとがき

『映画横丁』という小さな雑誌を創刊したのは二〇一五年六月のこと。十年ほど働いていた鎌倉の出版社「港の人」を辞め、思い切ってフリーランスとして働き始めて一年後のことだった。それ以前から、ひとりで『映画酒場』という名前のZINE（ミニコミ）をつくり、知り合いのお店で販売してもらっていた。「酒場」とついてはいるが、特に酒と関係した内容ではなく、その都度違うテーマを決め、映画について好き勝手に語る個人酒場、という趣旨の冊子だった。そうして「映画と詩」「映画と旅」と特集を組むうち、「映画と酒」というテーマでも一冊つくりたいと考えるようになった。ただし、大の酒好きである私が映画と酒について語り出したら、とても一冊では収まりそうにない。ある日、以前から知り合いだった映画プロデューサーの岡本英之さんにぽろっとその話をしたところ、「いっそのこと、映画と酒に特化した小さな雑誌を創刊しましょうよ」と言われ、あれよあれよという間に『映画横丁』が出来上がった。

個人で営んでいた酒場から、いろんな酒場が集まる横丁へ。ひとりきりでつくったZINEから少しだけ規模を拡大した『映画横丁』は、酒が登場する映画を紹介したり、それを飲む人々の姿を考察する雑誌。ウイスキーを特集した創刊号から、ワイン特集、ビール特集、日本酒特集と毎号異なる酒をテーマに、さまざまな映画を紹介していった。手作りの小さな雑誌とはいえ、いろんな書き手に参加してもらい、カメラマンやイラストレーター、デザイナーたちとチームを組んで一冊をつくるのは、とにかく楽しい経験だった。一方、この雑誌が好評を得たことで、私のもとには、映画について書いてほしいという雑誌や新聞からの依頼が徐々に増えていった。個人の執筆仕事が増えるにつれ、『映画横丁』の制作にまで手が回らなくなり、五号目を出せないまま、数年が過ぎた。

そんなある日、春陽堂書店の金成幸恵さんから「これまでに書いた文章を一冊の本にまとめませんか」というお誘いをいただいた。最初は、私が『りんご大学』というWEBサイトで連載していた原稿を一冊にまとめてはどうか、という提案だった。『りんご大学』は、青森県弘前市でりんごをはじめとする青果物の卸業を営む会社が運営しているWEBサイトで、青森市出身である私は、ここで数年来、りんごが登場する映画のコラムを連載してきた。

とはいえ、分量的にも、またテーマとしても、『りんご大学』の連載だけで一冊つくるのは難しく、それなら他で書いた文章も入れてみては、ということになった。連載で紹介した映画には、りんごを使ったお菓子や、りんご酒（シードル）も登場する。視点をさらに広げ、りんご以外の食べものや酒を扱った文章とすれば、これまで他の雑誌や映画のパンフレットなどに書いた文章がいくつか思い当たる。『映画横丁』で書いた文章を書き直し、いつか取り上げたいと思っていた酒と映画について、新たに原稿を書いてもいい。こうして、テーマは「食と酒」全般に広がり、『酔わせる映画　ヴァカンスの朝はシードルで始まる』が出来上がった。

『酔わせる映画』というと、いかにもお酒が登場する映画を想像させるかもしれない。でも本来「酔う」とは、単に酒による効果だけとは限らない。何かに心を奪われ、それしか目に入らないくらいうっとりと見惚れてしまうことを「酔う」というならば、画面に登場するあらゆるものが、私を酔わせ、魅了する。そういえば、『りんご大学』での連載を始めてからというもの、映画を見るたび、いつも画面のどこかにりんごの面影を探すようになった。赤い何かが画面の片隅に映ったとき、テーブルの上に何か丸いものが置かれているのが目に入ったとき、街のどこかに果物屋らしきものを発見したとき、私の目はじっとそれだけに注がれ、脳内では、りんごにまつわる物語が形作られていく。同じように、この本に登場する映画たちはどれも、私を酔わせ、未知の世界へと連れていってくれたものたちだ。

この本をつくるきっかけを与えてくれ、最後まで伴走してくださった編集者の金成幸恵さんには、心から感謝を申し上げたい。好きな監督のことや最近見た映画について、何度も金成さんと重ねたとりとめのないおしゃべりが、本のなかにたしかに反映されているように思う。また、以前『映画横丁』でチームを組んだ、ブックデザイナーの吉岡秀典さん、画家のOMAミオさんと再び一緒に仕事をできたのも、嬉しかった。そして、私の話をいつも辛抱強く聞いてくれ、この本の刊行を誰より応援してくれた須藤健太郎さんに、最大限の感謝と愛情を。

映画を愛する友人たちに、乾杯！

二〇二四年五月　月永理絵